呪いの解き方

Work, Private, Worship, Love & Item

魂伝師・開運アドバイザー 川井春水

はじめに

「呪いの解き方」は、
幸運を呼ぶ「最高のお清め」です！

◎この本があれば、何も怖くありません

『呪いの解き方』というタイトルを目にして、あなたはどう思いましたか？　もしかすると、不吉なことや怖いことを想像された方もいるかもしれませんね。

でも、ご安心を。この本で紹介する「呪いの解き方」とは、だれもが一瞬で幸運を引き寄せることのできる、開運術・お清めのことです。

すこし詳しく説明していきましょう。

◎イヤなことばかり起きるのは「呪い」のせい

「呪い」とは、不運や不幸をもたらす「悪い気」のことを意味しています。自分の努力だけではどうにもならない不運のひとつやふたつ、生きているとだれもが味わうものですが、それは運命だとあきらめてしまう人も多いのではないでしょうか。

でも実は、不運や不幸にも、それを招いた原因が必ずあるのです。その目には見えない原因こそ、「呪い」なのです。

呪いという「悪い気」を清めれば、不運や不幸は遠ざかり、「良い気」がやってきます。「良い気」に包まれて暮らすと、次々と幸せな出来事が起きます。

「なんだか最近、不幸なことばかり起こる……」

　そんな悩みを抱えている方は、ぜひ本書で紹介する方法を試してみてください。ちょっとした作法をするだけで、あなたの呪いは簡単に解けますから。

◎**龍神様は、私たちみんなの心の中にいます**
　いま「龍神」について興味を抱いている方が増えていると聞きます。40年以上にわたり龍神様について学んできた私としても、このブームはとてもうれしいことです。

　みなさんは神社仏閣に描かれている龍神様の絵を見たことがありますか？　その姿は、十二支すべての姿が取り込まれています。
　中国の後漢の学者・王符は「龍は9つの部位に、それぞれの動物のいちばんすぐれた部分を寄せ集めた姿」だと記しています。
　アジアのみならず、西洋にも古くから「ドラゴン」にまつわる神話がたくさん遺されています。

　なぜ龍神様は、世界中の国の人々に同じように尊敬されてきたの

でしょうか。それは、私たち一人ひとりが、心の中に龍神様を持っているからです。古代の人々は、心に感じる目には見えない「良い気」を、想像力によって具体的な姿にしました。それが龍神様なのです。「呪い（悪い気）」と相対するものが「龍神様（良い気）」、だと理解するとわかりやすいでしょう。

◎龍神様が「見える」「見えない」は大事なことではありません

　私はよく伊勢神宮にお参りに行くのですが、先日とても感動的な光景に出合いました。近くの海辺に沈む夕日を眺めていると、とても大きな龍神様が海を泳いで渡ってくるように見えたのです。それは錯覚だと言う人もいることでしょう。ですが、私の心の中では、龍神様の気が高まり、なんともいえない幸福感に包まれたことを覚えています。

　龍神様が実際に「見える」「見えない」は大事なことではありません。大切なのは、龍神様の気を感じられるかどうかです。あなたの呪いが解ければ、自宅でも、会社でも、龍神様に守られていることを心の中で感じられるようになるでしょう。

◎龍神様の気を高める日本古来の秘術を教えます

　私は、850年以上の歴史がある「荘厳契密法(そうごんきんみつほう)」という神道と仏教の両方に通じている秘法を、40年以上にわたって学び、修行を重ねてきました。

　荘厳契密法には、創始者の九頭猿水(くずえんすい)という方が到達した悟りをまとめた『朱本(あかほん)』という経典があります。『朱本』は、いまも人知れない山奥の寺に一冊だけ現存しています。九頭猿水先生は、生まれつき体が不自由で、村人から迫害され、親にも捨てられた方です。そんな厳しく苦しい状況から、「幸せへの道」を探り、ついに悟った方なのです。

　荘厳契密法を修行している人は現在7人。私はその中で唯一の女性です。秘伝であるため本来一般公開できない教えなのですが、このたび特別にお許しいただき、みなさんに一部だけ紹介できることになりました。その教えには、呪いを解いて、龍神様の「良い気」を高める方法がたくさん遺(のこ)されています。この本で紹介する方法は、すべて荘厳契密法を現代版にアレンジしたものです。

◎荘厳契密法は軍師や有力者にも知られていました

　いまでこそ荘厳契密法は知る人ぞ知るまさに秘法ですが、明治より昔の人、特に位の高い人や有力者には、広く知られていた教えでもあったのです。

　歴史に詳しい方ならご存じかもしれませんが、昔の軍師や有力者には、必ず「気」が見える占い師が側近にいました。「気」を利用することで、戦略や政策のタイミングを計っていたのです。

　有力者たちは、龍神様の「良い気」を高めるために、ただぼんやりしていたわけではありません。「良い気」を高めるための作法を占い師から学び、日常生活の中で実践していたのです。

作法というと、何だかかしこまってしまいますが、ほんの些細なことで十分。たとえば、

**　あなたは今日、帰宅のとき左右どちらの足から家の中に入りましたか？**

　左右のどちらの足から家の中に入るか、こんなちょっとした心がけだけで、龍神様の「良い気」を高められるのです（詳しくは本文をご参照ください）。荘厳契密法の教えを知っておけば、いざというとき必ずあなたの助けになってくれるでしょう。

　この本を手に取ってくださったあなたは、とても清い心と繊細な感性をお持ちの方なのだと思います。私は一生懸命生きているあなたが、「呪い」のせいで、これ以上苦しんでほしくありません。

「なんだか最近、幸せなことばかり起きる！」

　呪いを解けば、幸せの連鎖が始まります。
　本書を心のお守りとしてご活用いただけることを願っています。

Contents

2 …… はじめに──「呪いの解き方」は、幸運を呼ぶ「最高のお清め」です！

11 …… この本の使い方──こんなときに呪いを解こう！

✦ 第1章 Chapter One
仕事がどうもうまくいかない！

20 …… 家にいても、仕事のことが頭から離れない…
職場とプライベートを分ける「足の法則」でスッキリ！

22 …… 毎日の通勤電車で朝からグッタリ
「足の法則」を使えば満員電車も怖くありません！

24 …… 毎日、人ごみで疲れる！
呪いをはね返す「魔法のひと言」

25 …… 電車の席が空いたけれど、ヘンな人のあとは座りにくい
目の力も使って瞬間お清め！

26 …… ちょっと肩が重くて体がだるくて、ツライ…
手のひらでポンポンとたたいて心身のお清め

28 …… 睡眠をとっても疲れが全然とれません！
中指の長さで体のバランス判定をしよう

30 …… どうすれば朝から元気に働ける？
太陽のエネルギーを取り込む秘法

32 …… ぜったい負けられない仕事がもうすぐある！
これを食べれば、心も体もエネルギー満タン

34 …… うまく自分を出せなくてイライラする
職場はエネルギーの取り合い!?

36 …… なんだか毎日がユウウツで、仕事を辞めたい
1日3回、自分の名前を唱えてみて！

38	……	**今日は仕事も家事もサボっちゃいたい！** 「あいさつ」だけで気力上昇
40	……	**どうも今日のプレゼンは不安** 髪をアップにして、パワーもアップ！
42	……	**なぜか今日は、上司によく怒られた！** 線香の煙で、明日にイヤな「気」を引きずらない
44	……	**取引先にセクハラオヤジがいる！** 苦手な人の邪気を受けないためのアイテム
46	……	**職場でなぜかイジメられています** 嫌がらせをやめさせる方法

✦ 第2章 Chapter Two
プライベートで運気をつかみたい！

50	……	**なんだか最近、イヤな夢ばかり見る** 夢の呪いを解く方法
52	……	**なぜ不潔なトイレは、気を乱すの？** 効果バツグンのトイレ開運法
54	……	**靴がバラバラな玄関、片づけがめんどくさい！** 表札を置くだけでも気分がスッキリ
56	……	**引っ越し先でイヤ～な気配がする** 引っ越しの作法でスッキリ快眠
58	……	**なかなか物が捨てられない！** 下着やぬいぐるみはこうして捨てる！
60	……	**「名前」こそ、最強の呪文** 良いことがいっぱい起こる「7人の名前」
62	……	**亡くなった母親に責められてるような気がします** 「霊」があなたを責めたりするもんですか！
64	……	**なにもかも全部、もうどうしようもない！** 「お水取り」でリセットしよう

第3章 Chapter Three
幸運を呼ぶ！正しい参拝法

- 68 …… どうすれば神様は願い事をかなえてくれる？
  「呪い」を持ち帰らない、神社のお参り作法①
- 70 …… 鳥居をまたぐ足も左右どちらか決まってる？
  「神宮」と「神社」の違いにも要注意です
- 72 …… おみくじで「凶」だった！どうすればいい？
  「呪い」を持ち帰らない、神社のお参り作法②
- 74 …… 伊勢神宮はすべての龍神様が集まる神社
  エネルギーを「お水」で持ち帰ろう！
- 76 …… 正しい合掌のやり方でお参りしたい
  「手の法則」を上手に活用しましょう
- 78 …… 最近ぜんぜん、お墓参りに行ってません
  もったいない！あなただけのパワー・スポットですよ
- 80 …… そういえばお墓参りに正しい作法ってあるの？
  五穀と天然塩を用意しましょう
- 82 …… 墓石磨きをしたことがない人へ
  お墓参りに持っていくもの&磨き方
- 84 …… お部屋の中で手軽にお参りする方法はある？
  忙しい人のためのカンタンお墓参り
- 86 …… お供えした塩や水は、捨てていいの？
  いえいえ、健康維持に使えますよ

第4章 Chapter Four
恋の悩みも作法でスッキリ

- 88 …… 気になるあの人からの連絡がない
  相手から電話をさせる、とっておきの方法
- 90 …… あの人とヨリを戻したい！
  人間関係の清め方&ヨリの戻し方
- 92 …… 捨てるに捨てられない思い出の品はどうする？
  元カレの写真の捨て方、教えます

94 ⋯⋯ **もう、あの人の顔は見たくない！**
　　　孤独な選択は、よーく考えて！

95 ⋯⋯ **なんだか恋愛モードになれない**
　　　月の光でスイッチ・オン！

✦ 第5章 Chapter Five
呪いが解ける最強アイテム

98 ⋯⋯ **今も昔も、一家にひとつ「ツゲのくし」**
　　　玄関に置いておくとツキますよ

100 ⋯⋯ **たかが「さらし」、されど「さらし」**
　　　日本人の必須アイテム

102 ⋯⋯ **中古品は線香でお清め**
　　　前の持ち主の「気」を抜いて、スッキリ！

104 ⋯⋯ **ブレスレットで自信たっぷりになるお清め**
　　　何をやっても自信がないのは、「気」のよどみ

105 ⋯⋯ **指輪、どの指にはめてる？**
　　　効果的にはめてスッキリ！

106 ⋯⋯ **木を打ち鳴らして「気」のリフレッシュ**
　　　ドライブに効く、ちょっとした知恵

107 ⋯⋯ **自作〈お守り〉があなたに「自信」をつける**
　　　結局、本当に信頼できるものは自分です

108 ⋯⋯ **〈お守り〉づくりの手順**
　　　ゆっくり、楽しく、自分のペースでつくりましょう

110 ⋯⋯ **鏡を輝かせれば、自分も輝く！**
　　　月のエネルギーを、きれいな鏡に呼び込んで！

112 ⋯⋯ おわりに

《巻末付録》
113 ⋯⋯ **あなたのラッキーカラーとラッキーナンバー**
120 ⋯⋯ **秘伝・自分だけのお守りの作り方**（ダウンロード特典）
　　　　キリトリ開運お守り付き

本編に入る前に
まずは、あなたの「呪われ度」を
チェックしましょう！

次ページからの内容に当てはまるときは、
「呪い」が関係している可能性があります。
この本で紹介する作法を実践して、
スッキリ呪いを解くことを
オススメします。

こんなときに呪いを解こう① **仕事編**

上司に怒られることが増えた

同僚に裏切られた

通勤電車がつらい

疲れやすくなった

この本の使い方——こんなときに呪いを解こう！

不安を感じやすい

自己アピールが下手

会社に行きたくない

不快な同僚がいる

ライバルに負けそう

こんなときに呪いを解こう② **プライベート編**

事故に出遭いかけた

悪夢を見る

物を捨てられない

トイレが汚い

孤独…

この本の使い方——こんなときに呪いを解こう！

こんなときに呪いを解こう③ **神社・お墓編**

願い事が叶わない

参拝法がわからない

おみくじで落ち込む

開運作法を知らない

お墓参りに行っていない

15

こんなときに呪いを解こう④ **恋愛編**

パートナーと話が合わない

既読スルーされる

元彼を忘れられない

思い出の品が捨てられない

縁を切れない

「そんなことも呪いのせいなの？」
と思われた方もいるでしょう。
ふだんは気づかなくても、「呪い」は
私たちの生活に深く関わっているのです。
できれば、遠ざけたいですよね。
この本では、呪いから身を守るための
アイテムも紹介します。

指輪（P105）

ツゲのくし（P98）

さらし（P100）

かまぼこの板（P106）

ミニそろばん（P44）

線香（P42）

頑張っているのにうまくいかない
なぜかイヤなことばかり起きる——。

そんなときは、すぐに「呪い」を解きましょう。
「呪い」さえ解いてしまえば、
あなたは一瞬で幸運体質になれますよ。

さあいよいよ、
呪いの解き方のはじまりです!!

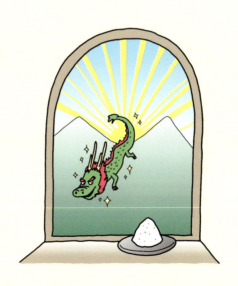

Work

第 1 章
Chapter One
仕事がどうも うまくいかない！

Work
家にいても、仕事のことが頭から離れない…

職場とプライベートを分ける「足の法則」でスッキリ！

◉「足の法則」を使って仕事モードに

　友だちの輪を広げたいから、あるいは自分の話を聞いてくれる人が欲しいから、という動機で職場にプライベートを持ち込むのは、なにかとトラブルの原因になりやすいものです。嫉妬や恨みをかってしまいがちな人は、この点をとくに注意しておくとよいでしょう。職場とプライベートは分けるべきなのです。

　職場に臨むときは、きちんと心がまえをして入ることが大切です。それを意識的に行なうのが、「足の法則」です。

　「足の法則」は、のちにご紹介する「手の法則」と同様、とても重要で、知っておくと便利なものです。

　こうした「足の法則」「手の法則」を覚える前に、私たちの体の「右と左」のエネルギーの違いを承知しておきましょう。

◉体の右と左はこんなに違う！

　「初対面の人と握手をするときは、右手で」とか「左手を出す握手は、別れのしるし」などと言われるのを、ご存じでしょう。それは体の右と左では、それぞれエネルギーの流れが違うからです。
　右側には、自分の意志をはっきりさせる流れがあり、
　左側には、自分の意志を伝え残す流れがあります。
　それでは「足の法則」です。

● **自宅を出るとき、帰宅するとき**

右足で出て、左足で入る。

家を出るときには、「さあ仕事に行くぞ」と自分の心を残さないように右足で出て、帰宅したときには「家に帰ってきた」ということを伝えるため、左足で入るようにしましょう。

● **仕事場に入るとき**

左足で入って、右足で出る。

出社のときには、「さあ仕事をするぞ」と左足で入って、帰るときは「仕事はオフまで引きずらない」という意志をはっきりさせて、右で出るようにしませんか。

Work
毎日の通勤電車で朝からグッタリ

「足の法則」を使えば満員電車も怖くありません！

◉通勤電車にスッキリと乗る方法

　毎日、電車に乗って通勤される場合、混み合っている車内にいると、それだけで、体力、気力ともに消耗してしまう方も多いと思います。そこで、先にご紹介した「足の法則」をここでも使ってみましょう。「足の法則」も「手の法則」も、さまざまな場面での応用ができます。「法則」を使って、毎日を良い気に包まれながら過ごしましょう。

◉満員電車に乗るとき

右足で乗って、右足で降りる。

　右足から乗れば、自分のエネルギーがだらだらと流れ出ることを防ぎます。

　右足で降りれば、不愉快なことがあっても、それをひきずらないで、その場から離れることができます。

●通勤電車に好きな人が乗っている場合

右足で乗って、左足で降りる。

もし毎朝、心に想う人が同乗していて、話しかけたくても、なかなかできなかったりするときは、縁を付けるために、左足で降りるとよいでしょう。

チカンにあわない方法

満員電車で不快なのがチカン行為です。しかし、なかなか声を出したりできないものです。チカンにあわない一番効果のある方法は、音が出るものを身につけておくことです。とくに鈴の音は邪気をはらうといわれますし、鈴を鳴らすことで周囲の注意をひくことができますから、オススメです。巻末で紹介する生まれ月の色のハンカチを持ったり、朝の光を浴びた塩（帰宅後、水に流してください）を持つのもよいでしょう。

Work
毎日、人ごみで疲れる！

呪いをはね返す「魔法のひと言」

●心の中で唱えるだけで効果抜群

　人がたくさん集まるところには、それだけたくさんの気も渦巻いていますから、中には、自分には必要のない悪い気もあります。それを払いのけて龍神様の良い気を高めるために、言葉の力を用います。

　声に出さずに、心の中で発するだけでスッキリします。

●呪いをはね返す言葉

ショ！ 動物的なエネルギーを、はらいのける音。

ボロン！ さまざまな邪気ばらいになる音。

エイッ！ 宇宙のエネルギーの中に自分を込める音。

　どの言葉も、短くバシッと一瞬で決まるように発するのがポイントです。

　また、その場に応じて必要性を感じたならば、はっきり声に出すとさらに効果的です。

Work
電車の席が空いたけれど、ヘンな人のあとは座りにくい

目の力も使って瞬間お清め！

◉気持ちよく座席に腰かける方法

　疲れて座席に座りたいなと思ったとき、せっかく席が空いても、前に座っていた人が酔っぱらっていたりして、そのあとだと思うと、ちょっと座りにくいですね。そんなとき、前の人の悪い気の清め方があるので、知っておいてください。

　目にぐっと力を込めて座席を見て、自分の気を入れるようにします。そのとき、心の中で「ショ！」と発してみると、龍神様の気を引き寄せて、効果もさらに上がります。

　これは飛行機やタクシー、あるいは劇場の座席に腰かけるときにも応用できるものです。

Work
ちょっと肩が重くて体がだるくて、ツライ…

手のひらでポンポンとたたいて心身のお清め

◉ 両肩と首の後ろをたたくだけ

　職場や通勤電車の中では「イヤだな」と思う気があっても、そこにいなければなりません。また、繁華街など人々の気が交差しているところを通り抜けるときには、ついついイヤなものまで背負い込んでしまうことがあります。そんなときに、ぜひ活用したいのが、手のひらでポンポンと、両肩と首の後ろをたたくお清めです。

【1】まず、右の手のひらで、左肩をポンポンと、たたきます。
【2】次に、左の手のひらで、右肩をポンポンと、たたきます。
【3】最後に、首の後ろを右の手のひらで、ポンポンと、たたきます。

　こうすると、間違いなく、背負い込んだイヤな呪いが抜けていきます。
「あなたの双肩にかかっている」という言い方があるとおり、両肩には気が乗りやすいのです。また首の後ろには〈梵のクボ〉と言って、心と体と思考をつなぐ大切な、エネルギー・スポットがあります。ちょっと疲れたなと思ったときにも、ぜひやってみてください。

龍神様の気を高める効果がありますよ。

またこのお清めは、ほかの人にやってあげることもできます。

●ほかの人にやってあげる方法

【1】相手の背中側に立ちます。

【2】右の手のひらを使ってリズミカルに、左肩をポンポンと、たたきます。それから、右肩をポンポンと、たたきます。

【3】次に、首の後ろをポンポンとたたいたら、その手を背骨にそって、下にスゥーッとすべらせます。こうして溜まった悪い気を流すのです。

だれかにしてあげても、してもらっても、この「ポンポン・スゥー」は、なかなか気持ちのよいものです。ぜひ、やってみてください。

人前でこっそりできる耳たぶを使ったお清め

相手に対面していて、困ったり、迷ったりしたときにも「手のひらでポンポン」をしたいものですが、なかなかしづらいときが多いでしょう。そんなときのために、相手にさとられない方法も教えておきましょう。

右手の親指の腹の部分で、左の耳たぶを3回以上なでてみてください。気の詰まりが抜けていくはずです。

Work
睡眠をとっても疲れが全然とれません！

中指の長さで体のバランス判定をしよう

●疲労回復には悪い気の詰まりの解消を！

　十分に睡眠をとったのに、それでも疲れがとれないときって、ありますよね。それは、気の流れが詰まっているからです。パソコンの普及で、モニターを眺める時間が長くなりましたので、眼精疲労や肩こり、腰痛に悩んでいる方も多いことでしょう。

　詰まりを抜くために、すぐに実行できる方法をご紹介します。
　まず、右と左、どちら側の体が疲れているか、そのバランスを見る方法です。

【1】肩幅に足を開いて、ゆったりと立つ。
【2】手のひらが正面を向くように、両腕を真横にまっすぐ広げる。
【3】広げた両手を、ひじをまげないようにして、正面で合わせる。
【4】合わせた両手を胸のところへ引きつける。そして合掌した中指の〈高さ〉の違いを見る。疲れがたまっていると、かならず高さが違っています。
【5】中指が高く出ているほうの指で、逆側の肩を押す。
（例：右のほうが高かったら、右手の「人さし指と中指」を使って、左肩の鎖骨の下から肩、背中にかけて押す）

　押して一番心地よいところから、指二本分（人さし指と中指）の間隔を開けて、その部分の周辺も押していく。

●ため息は脳細胞を殺す!?

あなたはまさか知らず知らずのうちに、ため息をついたり舌打ちしたりしていないでしょうね。ため息をつくたびに脳細胞がいっぱい死滅するといいます。舌打ちは近くの人にたまらない不快感をもよおします。いつも心身の調整を心掛けて、龍神様の良い気に包まれたあなたでいてほしいと思います。運やツキは、そうしたあなたを選ぶものですから。

肩を開いて龍神エネルギー吸収！

いつも肩を開いていることが、自分の集中力を鍛えます。肩がしょんぼりして、つぼまっているとため息ばかり出てしまいますからね。

疲れたかなと思ったら、左右の肩甲骨を寄せて、肩を大きく開いていましょう。よいエネルギーが入ってきますから！

Work
どうすれば朝から元気に働ける?

太陽のエネルギーを取り込む秘法

◉太陽と向き合えば運気が高まる

「早起きは三文の得!」というくらいですから、朝早く起きて、太陽から良い気を確実にもらえば、運気は必ず高まります。

これからお教えするものは、自分の手を陰陽の印である「S」の字にして、太陽と向き合う秘法です。

◉太陽エネルギーをいただく方法

【1】午前中の太陽に向き合って、合掌、一礼する。(屋内・外どちらでも可)
【2】合掌した親指の先を離さずに、右手を上に、左手を下にスライドさせて「S」の字をつくる。
【3】自分の右の手のひらが、太陽を映す鏡だとイメージしながら、太陽の温かさを手のひらに感じとる。
【4】親指同士が離れないようにして、右手で太陽の周りをなぞって、光をすくい取るように回転させる。(このとき、右手はシャベルのようにイメージする)
【5】光をすくい取ったら、右手の甲を左の手のひらに乗せる。
【6】3〜5を三回くり返す。(念仏も一回だけ唱えて終わるようなことはしませんね。三回はくり返すと覚えておいてください)
【7】5のときの両手をおへそにあてがう。

右手の温かみを、おへそへ入れ込むようにして、左手で右手をしっかり押さえること。

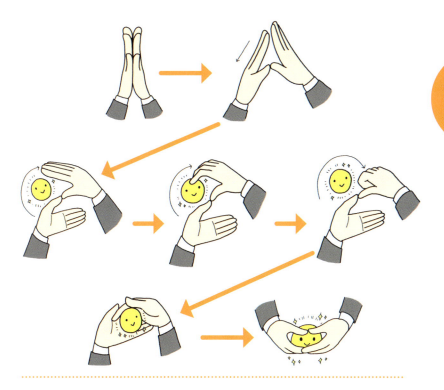

　これは、一見なにげなく見えますが秘法なのです。あってあたりまえの太陽ですが、その豊かな恩恵を、改めて感じとることができるでしょう。

陰があるからこそ、陽のありがたさがわかる

「陰陽」を「太陽と月」と考えておられる方も多いかと思いますが、この世のすべてはプラスとマイナスの気でできています。すべては表裏一体ですので、太陽が陽で月が陰といいきってしまうことはできません。月の満ち欠けは人生にも似ています。良いことと悪いことは繰り返し起こります。曇りの日があるからこそ、青天の美しさに気づくことができるのです。

Work
ぜったい負けられない仕事がもうすぐある！

これを食べれば、心も体もエネルギー満タン

●食事で心にも栄養補給しましょう

　食べて肉体にエネルギーを入れるのも大切ですが、せっかくなら私たちの心のエネルギーにもなる、「ここぞ！」というときに食べるとよいものを紹介してみましょう。

●重なっている食べ物が吉

　正月の鏡もちは、もちを重ねて飾りますが、正式には紅白で重ねます。「重ねる」ことの意味は、今年も一年、よい年でありますようにと、願いがこもっているのです。紅と白は、陰と陽を表しています。

　紅白のらくがんや、ひな祭りのときに飾るひし形をした餅にも、重ねることで、邪気を清めるとともに、陰陽の意味が表されています。ほかにモナカや、苺のショートケーキなどもよいでしょう。サンドウィッチのように、間にはさんだものでは、「重なっている」意味を成しません。

●お頭付きを食べて、ライバルに勝つ！

　むかしは、月の初日を「おついたち」と呼んで、お頭付き(かしら)の魚を食べました。もし、あなたが仕事上で、悔しい思いをしたり、「こ

こ一番、ぜったい負けられない！」と思うときは、お頭付きを、頭から食べたらどうでしょう。

「相手の頭を食ってやる！」というエネルギーを込めるのです。

イリコのような小さな魚でもOKですから、しっぽのほうから食べないで、頭から食べるようにしてください。メザシやシシャモだっておいしいですね。

お頭付きを食べて、必勝エネルギーを自分の中に入れましょう。

●「かちくり」を食べる

勝栗は、栗の実を乾燥させたものです。甘栗を、縁起ものとして売り出すために、勝栗と言っている場合もあるようですが、それは本来の勝栗ではありません。

むかしは、戦(いくさ)に出かけるときに用意しました。今なら、勝負事に出るときに用意すると解釈すればよいでしょう。

勝栗が、手に入りにくい場合は、殻に入ったクルミがよいでしょう。クルミの殻を割って食べることに、お清めの効果があるのです。

●皮つきのものを食べる

じゃがいもやりんご、梨などは、皮つきのまま食べましょう。外気＝邪気に触れているものを飲み込むことで、マイナスエネルギーをプラスに変えて取り込むことができます。卵やピーナツ、枝豆などの殻のついたものを割って食べることも、運気を上げるにはよい方法です。

Work
うまく自分を出せなくて イライラする

職場はエネルギーの取り合い!?

●職場で自分のエネルギーを外に出していますか?

　仕事中、言いたいことが言えなくてイライラすることってないですか。それは、あなたの中に眠るエネルギーが外に十分出せないでいることが原因かもしれません。呪いとはいわないまでも、職場はさまざまな人のエネルギーが錯綜する場所です。自分の「気」をうまく引き出さないと、当然滅入ってしまうのです。
　そんなときは、以下の方法が効果てきめんです。

●体をさすって「気」を引き出す

　体からは「気」が出ているものですが、それがもっともよく出ている場所がいくつかあります。そちらをさすって、自分の「気」を高めていきましょう。

【1】手を洗ってから、額の生え際をさする。
【2】そのまま、頰をさする。

【3】両手をすり合わせる。

この際、あれば塗香、もしくは線香の灰を手のひらにすりこむ。

●エネルギー不足のときは手の中指をひっぱる

「気」が一番出ている場所は、手の中指です。少し、エネルギー不足を感じたときは、どちらの手でもかまいませんので、中指をひっぱるようにしてみてください。

ネイルで自己アピール

前述したように、手の中指は、もっとも気を出していける場所です。こちらに自分の生まれ月（巻末参照）の色を塗ることで、ますます自分を出すことができます。なかなか自分が出せなくて悔しい思いをしている人は、生まれ月の色のネイルを塗って、自己アピールをしてみましょう。

Work
なんだか毎日がユウウツで、仕事を辞めたい

1日3回、自分の名前を唱えてみて！

◉自分にたまった邪気をはらう

　生きているということは、良い日もあれば、悪い日もあります。

　たまたま、いつもは間に合う電車に遅れてしまったり、信号にギリギリでひっかかったり、忘れ物や落とし物をしてしまったり……。そんなとき、一番の味方は自分だということを意識しましょう。あなたの中に龍神様はいらっしゃるんです。

　とくに原因は見当たらないのに、毎日がユウウツに感じられるときは、自分を信じることが大切です。

◉自分の名前を唱える

　自分を信じる初めの一歩は、自分の名前を呼ぶことから始まります。

　1日に最低3回、自分のフルネームを声に出すか、心の中で念じるようにしましょう。

　呼びつづけることで、少しずつ自信がつき、いつの間にか、ユウウツな毎日が改善されていくでしょう。

◉自分のために「ありがとう」──言霊の効用

　すべての言葉には、魂があります。そう、「言霊(ことだま)」です。自分では、

冗談で言った言葉でも、深く相手を傷つけ、その人の思いが、いつしか小さな「呪い」となって、あなたの生活を苦しめることがあるのかもしれません。

「ありがとう」という言葉は、相手も自分も、幸せにしてくれる素敵な言葉です。毎日、良い「気」のこもった「ありがとう」を言うことで、温かな気持ちになることができます。「ありがとう」は相手のためのみならず、自分のためでもあるのです。

●スマホの待受画面を利用する

運気が低迷しているかもと思えたときには、毎日見るものにも気を配りましょう。スマホの待受画面に自分の生まれ月のラッキーカラー（巻末参照）を取り入れれば、きっと気分も変わってきます。

少しユウウツな日が続いても、それが一生続くわけではありません。今日、自分が地に足をつけていることに、感謝の心を忘れなければ、龍神様の気は必ずあなたを助けてくれます。

自分を信じることができれば、邪気を恐れる必要はありません。「悪い気」の日を休養日とするような気持ちの余裕をもって、心の栄養補給をするようにしましょう。

Work
今日は仕事も家事も サボっちゃいたい！

「あいさつ」だけで気力上昇

●龍神様の「気」を高めて、その週を乗り切ろう！

　朝起きると、前日の疲れが残っていて、なかなか起きあがれないという方もおられることでしょう。自分のエネルギー不足を感じたら、龍神様の「気」を高めることにしてください。龍神様の「気」を高めることで、より強いエネルギーを体から出し、その週を乗り切りましょう。

　ただ、エネルギーが低下しているときには、「お休みしなさい」というサインを体から出していることでもありますから、無理をせずに、思い切って休んでしまうことも大切です。

●朝日を浴びた塩を活用する

　朝日は、龍神様のエネルギーを高めてくれる重要なものです。その光をいっぱいに浴びた塩を使って「気」を呼び込むことができます。

　朝日が入る場所に小皿に盛った塩を用意してください。その後、エネルギーが入った塩を、シャワーを浴びる際にお湯に混ぜてかけ流すと、「気」をうまく取り込むことができます。

●あいさつは語尾を上げる

人と会ったときの印象を決めるのが、あいさつです。小さい声で語尾を下げるあいさつをしていると、「気」が抜けていってしまいます。あいさつは、語尾を上げ、はっきりと発音することで、まわりに良い印象を与え、それが自分に良い「気」となって入ってきます。あいさつは意識して、語尾を上げるようにしましょう。

赤は「気」を引き出す

女性には、ひと月に一回、どうしてもエネルギーが低下する期間があります。まったく生理痛がないという方でも、生理の日はなんとなく体が重く、元気が出ないものですね。そんなとき、エネルギーを補ってくれる色が赤色です。生理の日は、なにか赤いもの（ハンカチでも、下着でもけっこうです）を身につけて出かけると、気分が晴れ、よい一日がおくれるでしょう。

Work
どうも今日のプレゼンは不安

髪をアップにして、パワーもアップ！

●プレゼン力は髪型で決まる！

　女性の社会進出が進み、重要な会議などでも女性の発言に注目が集まる時代です。しかし、いくらしっかり準備をしていても、どうしても大切なプレゼンテーションの前には不安がつきものですよね。そんなとき、気にしてほしいのが髪型です。あなたは、首すじや生え際を隠していませんか。

　髪の生え際からは、エネルギーが多く出ていますから、こちらを隠していると、自分の内側にエネルギーがこもってしまいます。

　説得力のあるプレゼンをするには、気力が必要です。髪をアップにして、プレゼン力もアップさせましょう。

●首すじを出して、不安を吹き飛ばそう

　首すじを見せると、どんな人が来ても受け入れられますので、初めての人と会うときには、首すじを見せられる髪型をお勧めします。「さあ、仕事をやるぞ！」というときには、髪をアップにすると、エネルギーが出て、俄然やる気が湧き起こってきますよ。

　逆に目立ちたくないときには、髪をおろして、首すじを隠すことで、エネルギーを無駄に使うことなく過ごせます。

●額を見せれば、さらに力が湧いてきます

　自分を出したいときには、額を見せましょう。

額は気を受けやすく、出しやすい場所ですから、首すじを出すだけではなく、額も見せることで、さらに力が湧いてくるでしょう。

　気合いを入れるときは、昔からハチマキをしたものです。ハチマキをすると、額も、首の後ろも出すことができますから、とても合理的だったんですね。今であれば、カチューシャかバンダナを使って、おしゃれに、楽しく、髪型からも運気を上げていきましょう。

失恋で髪を切るのは正しいの⁉

　「失恋をすると髪を切る」と言われていますが、これは、非常にいいことです。髪を切ることは、自分を入れ替えるということでもあるからです。気分転換になる、ということは、自分の「気」の切り替えができるということですから、ひとつの恋に終止符を打ったら、未練を残さないためにも髪を切るというのは賛成です。

Work
なぜか今日は、上司によく怒られた！

線香の煙で、明日にイヤな「気」を引きずらない

◉ツイてない日にできること

　なぜか、上司の機嫌が悪くて、とくになにもしていないのに怒られたり、相手先のミスで仕事に支障が出たり……自分は悪くないのに、いろんなことがうまくいかない。そんな経験はどなたにもあるのではないでしょうか。

　これからお教えする方法は、そんなツイてない日を明日に引きずらないために、家に帰ってからやってほしいことです。

◉線香をたく

　線香の煙で、今日受けたイヤな「気」を清めます。

【1】線香を1本用意する。
【2】線香を3つに割る。（長さが同じである必要はありません）
【3】3本を重ねて火をつける。

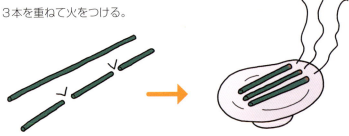

　線香の灰を手にすりこむと、イヤな「気」が出やすくなります。

◉お風呂でとくにココを洗いましょう

　一日の疲れをとるお風呂は、とても気持ちがいいものです。そして、水には浄化作用がありますので、ツイてなかった日には、なるべくお風呂に入るようにしてください。その際、「気」が一番出る右後ろの首すじから流していくと、イヤな「気」が抜けていきますよ。

　またツイていないときは、足の裏が汚れていることが多いです。足は指の間まで、しっかり洗いましょう。手は一日に何度も洗いますが、足はそこまで洗いません。足も「気」が出る場所ですので、清潔にしておきましょう。

　また、そうは言っても、お風呂に入るのもおっくうなくらい疲れている場合もありますね。そのときも、首すじと足だけは、拭くように心掛けてみてください。

Work
取引先に セクハラオヤジがいる！

苦手な人の邪気を受けないためのアイテム

◉こっそりと一人でやれるお清め

　世の中、善人ばかりではありません。あなたにイヤな思いをさせる人もいるでしょう。とくに、取引先などでは、仕事上、思い切った態度に出ることはできません。そんなとき、こっそりと一人でやれるお清めの方法があります。

　先のチカンにあわない方法でも記しましたが、基本的に、なにか音を出すことで、イヤな相手の「気」をはねかえすことができます。

　これから、いくつかの方法をお教えします。

◉音が出るアイテム

　鈴の音は、古くから魔除けとされてきました。「リン」と鳴ると、それだけで周囲の空気が変わってきます。よく神社などで、お守りとして鈴が売られているのは、きちんと理由があるのです。

　音が出るものとして、とくにお勧めしたいのがソロバンです。「木」は加工されても生きています。ソロバンが発する「パチパチ」という"生きた音"は、お清めにもってこい。邪気を寄せつけません。ミニチュアのソロバンがありますので、一つ持っておくといいですね。

◉ラッキーカラーの小物をつける

　ラッキーカラーの小物もたいへん有効です。自分の安心できる色

のスカーフやアクセサリーなどを身につけておけば、おのずと自分に合った「波長」を引き寄せるのです。すると、相手も自分がイヤがることをしかけてきません。

◉机の裏をトントン

音が出るものを持ってないのでしたら、机をトントン叩くだけでもいいのです。ただし、机の上だとイライラしているようなので、裏を叩くのです。

◉赤い紙を持つ

エネルギーを引き出す、赤い紙を持つのもお勧めです。赤い紙を親指でちぎったものを、お財布やパスケースなどに入れて身につけてください。また、赤い紙が近くにないときは、赤ペンで塗ったものでも、大丈夫です。

ただし、赤の色が見えるように、表に向けて入れるようにします。

靴の音は邪気を引き寄せる!?

街中で、サンダルやミュールなどを履いて「カツカツ」「パタパタ」と必要以上に大きな音を鳴らして歩く女性を目にします。しかし、度が過ぎると、お清めどころか、逆に邪気を引き寄せてしまいます。まわりの人に不快感を与えるのですから、その人の呪いを受けてしまうわけです。ちょっと意識して歩いてみる必要があるでしょう。歩き方ひとつで毎日が変わりますよ。

Work
職場でなぜかイジメられています

嫌がらせをやめさせる方法

◉相手の前ではやらないように！

　こんどは、えんぴつを使って、「気」をはらう方法を紹介します。本来なら、刀または独鈷（ヴァジュラ）を使って行なうのですから、たとええんぴつでも絶対に、人に向かって行なってはいけません。もし、あなたがお寺で不動明王像を見つけたら、近寄ってよく見てください。刀のところに白蛇が巻き付いていたり、腕に数珠を巻いています。不動明王さえ、あやまって人を斬ることがないように用心しているのです。それと同じように「気」を切ることは慎重にとらえましょう。

　職場や学校などで、嫌がらせをされたり、「なんだか△△さんに誤解されている」など、どうもスッキリしない気がしたら、その人のいる方角に向かって「気」をはらいますが、くれぐれも本人に向かって、やらないでください。その方角で十分なのです。これは、あくまで気をはらうのであって、呪う行為ではありませんので。

●えんぴつを使った「邪気」のはらい方

【1】手のひらに収まる長さのえんぴつを用意して、右の手のひらにのせて、人さし指と中指そして親指で押さえます。
【2】右肩からひじ、指先までをまっすぐにのばして、えんぴつの先と自分の腕から流れ出るエネルギーを一体化させ

ます。それを〈気をはらう〉方角へ向けます。手許がぐらぐらしてはいけません。自分の腕全体が刀になったようなつもりで、まっすぐにのばします。

【3】2の姿勢のまま、自分の前のスクリーンをはらうような気持ちで、気合いを入れて「ボロン！」、あるいは「ショ！」、と空間にチェック・マークを描くつもりで「気」を切ります。

これでスッキリと「邪気」ははらえましたよ。

何年もひきずって解決できない問題というのは、学校や職場や身内における、人間関係の相乗作用かもしれません。解決するにしても、その引きずってきた歳月だけかかるものだと覚悟しましょう。

あなたのほうでも、「悪いエネルギーを出していないか？」とか「いったい何を不運と考えるのか？」など、自分で自分に問い直すことも必要です。

もっと簡単な「イヤな人撃退法」

もっと簡単に苦手な人の邪気をはらう方法があります。人さし指と中指で三角形と丸を描きます。三角形は笠で、丸は自分の頭だと考えましょう。だれしも自分の頭は人にさわられたくないものです。その頭を守るために、笠をかぶるわけです。笠があなたにふりかかってくるイヤな気配をはらってくれるのです。

Private

第 2 章
Chapter Two
プライベートで運気をつかみたい！

Private

なんだか最近、イヤな夢ばかり見る

夢の呪いを解く方法

●イヤな夢を追い出す！

　だれかに追いかけられて、あと少しで捕まりそうになって……とび起きた、という経験はありませんか？

　心臓がドキドキして、夢だったことにホッとするのと同時に、なぜこんな夢を見たのか、不安になる方も多いでしょう。心当たりがなければなおさらです。

　夢から現実を判断するのは難しいことですが、夢は「逆夢(さかゆめ)」とか「正夢(まさゆめ)」などと言われるように、私たちの心と体の健康に関わっているのは事実です。朝、起きたとき、良い夢ならあまり気にならないものですが、冒頭に記した忘れられないようなイヤな夢を見ることがあります。

　そんなときは、以下の方法を、ぜひ試してみてください。

【1】起きたら、すぐに窓を開ける。

【2】お手洗いにいって、体内の不純物をいち早く体外に出す。

【3】うがいをする。夢見が悪いときは、自分も魂のレベルでいろんなことを話しているはずなので、口をゆすぐことが大切。口の中を清める意味で、塩を少しなめてゆすげば、さらによい。

【4】夢を紙に書いておく。記録として残しておけば、あとで日常の出来事と照合すると、参考になる。

第2章／プライベートで運気をつかみたい！

●どんな夢も積極的に楽しむ！

　自分で自分の夢が判断できるようになるには、夢の日記をつけつづけるなど、努力が必要です。あなたの夢に出てくる事柄が何を表しているのか、それを突き止めるには時間がかかると心得て観察をつづけましょう。

　ともあれ、心の中の動きを垣間見せてくれる夢は恐れるのではなく、積極的に楽しんでしまうのが、最大のポイントです。

　ちなみに「いい夢」を見たときは、お米の粒を３つ飲み込んでおけば、さらにスッキリです。

　さあ、大事な朝をスッキリとスタートさせませんか！

カナシバリよ、さようなら！

　〈カナシバリ〉になりやすい人は寝る前に、〈カナシバリ〉にあった人は起きた後にすぐ、手のひらでポンポンと叩くお清めをするといいでしょう（詳細は26ページ参照）。

　また、枕元に目覚まし時計や電話など、大きな音の出るものを置かないほうが安全です。両手をひろげて届くくらいのところには何もないようにしておくことです。

Private
なぜ不潔なトイレは、気を乱すの？

効果バツグンのトイレ開運法

●不運は水まわりの汚れが大きく影響

　お手洗いは、家と住人の〈健康バロメーター〉だと考えましょう。まず、清潔第一です。お手洗いが汚れていると、運気がダウンしてしまいます。

　体調不良や不運が続くなどの現象が起こるとき、たいていお手洗いや台所、お風呂などの水まわりに、問題が発生しているものです。私たちの体の70％は水分と言われますから、水まわりが汚れていることが心身に大きな影響を与えます。日頃から水まわりには、十分気を配りましょう。

　このように、お手洗いは金庫以上に大切にすべき場所です。お手洗いは、自分に集中し、気をまとめる場所ですので、決して本を読んだり、携帯電話で話したり、メールをしてはいけません。

　次のことを参考に、毎日、ちょっとした意識をもって取り組んでいただければ、効果バツグンのトイレ開運法となります。

【1】掃除は、こまめにする

　お手洗い、風呂場、台所、洗面所に、共通していえることは、清潔第一。そして、水の流れが常にスムーズであること。水の詰まりは、運気の詰まりに比例すると考えて、こまめに掃除をすること。もし、故障や詰まりが起こったら、いち早く直すようにする。

【2】便器の中に、ツバを吐かない

口から出したものをお手洗いに流すと、口内炎になったり、口のまわりにできものができたりする。口から入って、排泄器官から出す体内浄化の〈流れ〉を乱さないことは、対人関係の流れもスムーズにする。

【3】植物を置く

洋式が増えた現代の生活では、便座に腰かけたときの目線に、緑のものを置くとよい。もし目線の位置が無理でも、植物を置くようにする。温度調節や水やりに気を配るようになるので、お手洗い全体への気配りになる。

【4】時計を置く

規則正しいリズムを刻む時計は、羊水の中の胎児が聞いているお母さんの心音に似ている。時計を置くことで、心が落ち着き、お手洗いを安心して使用することができる。

Private
靴がバラバラな玄関、片づけがめんどくさい!

表札を置くだけでも気分がスッキリ

●ツキを呼び込む玄関づくり

　朝あわてて出掛けて、靴を出しっぱなしにしていたり、ついついゴミ収集日に出し忘れて、ゴミ袋を玄関に置いていたりしませんか？　散らかっていると、そこには悪いエネルギーが溜まるものです。無自覚の呪いとは、そうやって生じてくるものなのです。

　なぜなら玄関は、その家の顔だからです。たとえあなたの1人住まいでも、あなたの顔なのだと心得てください。

　どんなに不精な人でも、1日に1回、自分の顔は見るのではないでしょうか。顔は自分の看板ですから、清潔にしていれば、毎日をスッキリ過ごせるものです。それと同じように、玄関も毎日お掃除をして、散らかさないように、心掛けましょう。

　それから、玄関に置いておくと、龍神様の気を高めるものがありますのでご紹介しましょう。

●玄関に置いて、龍神様の気を高めるもの

【1】自分の名前(できればフルネームで)の表札

　玄関を出入りするとき、自分の名前を見ると、自分で自分を大切にするようになるものです。だから表札は大切です。

　自分の名前を置くことは運気アップにつながります。

1人暮らしの方など、おもてに名前を出しておくと物騒だと思うのであれば、玄関を入ったところに表札を飾っておけばよいでしょう。

【2】鈴（土鈴がベスト）

出かけるときに、鈴を振れば、気持ちが引き締まって、魔よけになります。また、帰宅したときにも、鈴を鳴らせば、無意識のうちに背負ってきたイヤなエネルギーを清めることができます。

【3】水

コップ一杯の水で充分です。水は汚れを洗い流します。また鏡のように日常を映し出す力も秘めています。水が汚れないように気をつけて、取り替えるようにしましょう。それは玄関全体への気配りにもなりますから、いつも玄関を清潔に保つための目安にもなります。

【4】塩

小皿に少量の塩を盛り、玄関（下）に置きます。塩はお客様の足を止め、邪気を清め、いろいろなものを押し出すと言われています。商売をされている方は、ぜひ、実践してください。塩は毎日取り替え、取り替えたものは水で流しましょう。

必要なのは、お金ではなく、心掛け

表札や印鑑に、象牙やメノウといった高価な素材を使えば運気がアップするという広告をよく見かけますが、本当はどんな材質でも大丈夫。極端に言えば、厚紙に書いたって平気ですよ。最適なのは木でつくった表札です。木は生きていますからね。もし表札をつくる場合があれば、せっかくですから木の表札に名前を「浮き彫り」にしてもらいましょう。「浮き彫り」は確かに運気を高めます。

Private

引っ越し先で
イヤ〜な気配がする

引っ越しの作法でスッキリ快眠

●賃貸物件に引っ越すときの作法

　引っ越しをした経験をお持ちの方も多いことと思います。とくに賃貸の場合、最初は、以前の借主の気配が残り、なんとなく落ち着かないという日々を過ごしたのではないでしょうか。賃貸のアパートやマンションから、再び賃貸物件に引っ越す際、これからお話しする作法をやっておくと、その日から良い気とともに暮らすことができます。

●引っ越し前にやっておくこと

　引っ越しをする前夜、いま住んでいる部屋の四隅と中央に、半紙の上に塩を少々お供えし、感謝のあいさつをしてください。
「いままでこの場所に住まわせていただき、ありがとうございました。次に住む人もお守りください」
　この塩は引っ越しの際に、忘れないように持っていき、新しく住む場所の水まわりに流してください。

●引っ越し先でやっておくこと

　契約完了後、引っ越しの荷物を運び込む前に、その部屋の四隅と中央、水まわりに半紙の上に塩（あれば酒も）を少々お供えして手を合わせ、あいさつをしてください。
「これからよろしくお願いします。私（たち）をお守りください」

郵便はがき

１０５－０００３

切手を
お貼りください

（受取人）
東京都港区西新橋2-23-1
3東洋海事ビル
(株)アスコム

呪いの解き方

読者　係

書をお買いあげ頂き、誠にありがとうございました。お手数ですが、今後の
版の参考のため各項目にご記入のうえ、弊社までご返送ください。

お名前	男・女	才

ご住所　〒

el	E-mail

この本の満足度は何％ですか？	％

今後、著者や新刊に関する情報、新企画へのアンケート、セミナーのご案内などを
郵送またはeメールにて送付させていただいてもよろしいでしょうか？
　　　　　　　　　　　　　　　　　　　　□はい　　□いいえ

送いただいた方の中から**抽選で5名**の方に
図書カード5000円分をプレゼントさせていただきます。

の発表はプレゼント商品の発送をもって代えさせていただきます。
記入いただいた個人情報はプレゼントの発送以外に利用することはありません。
書へのご意見・ご感想に関しては、本書の広告などに文面を掲載させていただく場合がございます。

●本書へのご意見・ご感想をお聞かせください。

ご協力ありがとうございまし

荷物を運び入れる前に、塩と半紙は水まわりに流すなどして、片づけておいてください。また、備えつけの鏡は、必ず気を抜いておくようにしましょう（102ページ参照）。

ホテルや旅館に泊まるときの作法

自分の部屋に案内されたら、まず、部屋の四隅を順番に、ぐっと力を入れて見つめます。このとき同時に、心の中で「エィッ！」と発しておきましょう。自分のエネルギーが入り、安心して過ごすことができます。

また、ベッドや布団に寝るときも同じように、寝具の四隅と、枕の位置をぐっと見つめて、自分のエネルギーを入れるとよいでしょう。安眠できます。

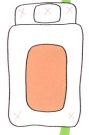

Private
なかなか物が捨てられない！

下着やぬいぐるみはこうして捨てる！

●古くなった物を処分する作法

　思い出のある洋服や、そのままポイと捨てるのは気が引ける下着、大切にしていたぬいぐるみなどは、以下のようにして処分することができます。身につけるものに気を配って処分するのも、呪いを避ける上でよいやり方であり、おしゃれ心というものです。

　着ていたものを捨てるというのは、ちょっとした勇気がいりますよね。でも、この作法では、服や下着がむき出しにならないこともあって、心を残さずに処分できるはずです。

　余談になりますが、運気アップにつながるのが「下着」です。高級なものを身につけようという意味ではありません。きちんと洗濯して、きれいに干して、いつも清潔なものを身につけていればいいのです。見えない部分の「清潔」を心掛ける人に龍神様は微笑むということでしょう。

●洋服・下着の捨て方

【1】服、あるいは下着に塩をまぶす。
【2】右図のようにたたむ。
【3】それをさらしに包んで捨てる。

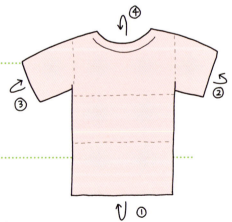

●古くなった鏡の捨て方

ファンデーションケースなど鏡のついたものは、自分の顔を映してきたものですから、処分するときも気をつかってみましょう。

【1】鏡の部分に塩をまぶす。こうすることで、いままで自分の顔を映していた鏡の役目を、スッキリお清めすることができます。

【2】鏡の部分が、むき出しにならないように、さらしに包んで捨てる。

●人形・ぬいぐるみの捨て方

さらしを用意して、人形やぬいぐるみに目隠しをします。人形やぬいぐるみは、顔を見て可愛いがってきたもののはずです。役目が終わったら、目を閉じさせてあげましょうよ。

その後で、塩をまぶして、「長いこと楽しませてくれてありがとう」とお礼を言って、処分しましょう。

●古くなった財布の捨て方

長らく使ってきた財布も、捨てにくいという人が多いようです。財運が逃げてしまう感じがするのでしょうか。

財布の場合は、ポケットの内側までよく塩をまぶせば、それで大丈夫。あとはさらしに包んで、いさぎよく捨ててみましょう。

Private

「名前」こそ、最強の呪文

良いことがいっぱい起こる「7人の名前」

◉あなただけの「万能の呪文」

ある人の名前を呼んで、毎日をスッキリお清めしましょう。

そもそも、言葉とは「音」→「響き」→「エネルギー」なので、言葉には「言霊(ことだま)」が宿るといわれています。そこには、名前を呼ぶことで、開かれてくる世界があるのです。

この世に、名前のない人はいません。人は生まれるとすぐに、名前をもらいます。名前は親からもらう最初の財産といえるでしょう。

ちょっと気恥ずかしいけれど、自分の名前を自分で呼ぶのは、とても新鮮なことです。私たちは苦しいとき、自分を励まそうとして自分に呼びかけますよね。「おい！ ○○、しっかりしろ！」と。

であれば、苦しくないときに呼べば、もっと縁起がいいではありませんか！ 呼び捨てでいいのです。恥ずかしがらずに、大きな声ではっきりと、声に出して呼んでみましょう。

◉ご先祖は自分のルーツ

名前は大切なものですが、とくに大切な7人の名前があります。

【1】自分
【2】父
【3】母
【4】父方の祖父

【5】母方の祖父
【6】父方の祖母
【7】母方の祖母

　ご先祖というと、顔も知らない遠い時代の人ばかり想像してしまいがちですが、いま現在を生きている私たちにとって、ご先祖は、この6人から始まります。だから7人の名前を呼ぶというのは、自分のルーツをさかのぼることでもあるのです。
「先祖の世界」は遠いようで、じつはこうした身近なところに、入り口があるものです。
　実際に始めてみると、7人の名前を呼ぶのは、はじめはなかなか慣れず大変です。でも、これを毎日実行すると、ご先祖の力があなたを「守る力」となってくれるのです。
　困ったことがあったら呼んでみましょう。後述する〈ご先祖の座ぶとん〉の前で呼びかけてもいいかもしれません。7人の名前は、あなただけの万能の呪文となるでしょう。
　どうしても7人の名前が分からないときも、心配しないでください。あなたとご両親、3人だけの名前でもご先祖は許してくれますから、安心して3人の名前を呼べばいいのです。

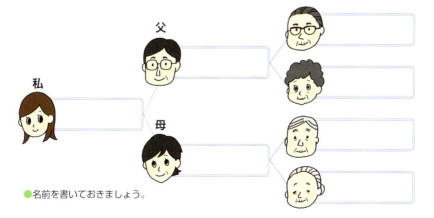

●名前を書いておきましょう。

Private
亡くなった母親に責められてるような気がします…

「霊」があなたを責めたりするもんですか!

●霊魂があなたに悪さをすることはありません

　この世でいちばん重たいのは命にかかわることです。「怨霊」や「地縛霊」などが、テレビのバラエティをにぎわしているのも、そのあたりの興味がお手軽に味わえるせいかもしれません。

　でも私は、そうした風潮を寂しく思います。

　なにげなく過ごしている日常の中で、ふいに、事故死してしまった同級生のことを思い出したり、自殺してしまった叔父さんのことを思い出したりすると、「その人が怨霊になって帰ってきたのかと不安になってしまって……」と話してくれた人がいましたが、あなたの友だちや親戚の霊魂が、いわんやご先祖が、あなたに悪さをするようなことは絶対にありません。

　もし、あなたがその人のことが気になるとしたら、こう考えるべきなのです。彼らは自分たちが十分に使いきれなかったエネルギーを、あなたに残してくれたのだと。

　それでも心が静まらないのなら、あなたの歳の数だけ、彼らの名前を呼ぶとよいでしょう。あるいはその方が亡くなった年齢の数(もし生きていたら、何歳になっているか思い出してあげて)か、またわかるようでしたら、その方の「生まれ月の数」(巻末参照)だけ、名前を呼ぶことでもかまいませんよ。

　そのときには、呼ぶ人がどなたでも、「さん」とか「ちゃん」などの呼称は不要です。

● **きっと、あなたを助けてくれる**

あなたが道を歩いていて、地縛霊がついてくるかと言えば、ついて来たりしませんから安心してください。

それよりも確かなのは、あなたに危険が迫っているとき、名前を呼んでいる人の思いやりが、「こっちによけて」と言って安全なほうへ引っ張ってくれることです。

それがご先祖であれば、なおさらのことです。

「その日はたまたま、電車に乗り遅れた」とか「飛行機に乗ろうとしたら、突然腹痛に襲われてキャンセルした」ということで命拾いした人を、私は何人も見てきました。

これらの事実は「名前を呼んでくれて、ありがとう」と言っている、向こう側からのメッセージです。毎日、名前を呼ぶことは、あなたを「守る力」とあなた自身を結びつけるのです。

Private
なにもかも全部、もうどうしようもない！

「お水取り」でリセットしよう

◉「お水取り」で浄化する

　何をやってもうまくいかない、近所で悪い噂を立てられ、自分ではもうどうにもこうにもできない！　といったような厳しい事態になったとき、ぜひやってみてほしいことがあります。それが、「お水取り」です。

「お水取り」といっても、奈良東大寺の行事ではありません。もっと身近で、手軽に、あなたご自身で行なえるものです。

　前述しましたが、私たちの体のほとんどは水でできています。水が合わなければ病気になるほどです。人間にとって必要不可欠な「水」は、自分の因縁を洗い流すのに最も適しているのです。心身ともにリセットできるわけです。

　玄関に打ち水をして汚れを取るのと同じで、「水」を入れ換えることで、心を浄化していく「お水取り」を、ぜひやってみてください。

◉「お水取り」のやり方

【1】自宅の水まわりにある、すべて（庭やベランダにあるものも含む）の蛇口から、水を少量ずつ小瓶、もしくはペットボトルに入れる。
【2】大きな流れがある川か、海へ行き、1の水を流す。
【3】空になった容器に、今度は、行った先の川か海の水を、持ってきた水と

同量を汲んで持ち帰る。

【4】自宅に帰ってから、水まわりと足の裏に3をまく。

　行き先は、近所の川でもかまいません。川や海でなくとも、湧き水や滝などの"流れ"のあるところであれば大丈夫です。逆に、湖のように流れがあまりなく、水が滞留している水辺は、気を鎮めたいときに効果的です。

　また、海でも、自分の流れをガラリと変えたいときは太平洋側、落ち着きたいときは、地理的に大陸と日本列島に挟まれて湖のようになっている日本海側が望ましいでしょう。

　すべてケースバイケースですが、自分の流れを大きく変えたいときには、大きな流れのある場所へ行ってみることをお勧めします。

　大人になると、いろいろなしがらみが増え、さまざまな状況で、自分ではどうしようもない状況に陥ることがあります。

　そんなときは、起こったことをありのままに受け入れ、いまこのときを大切に、懸命に生きていけばよいのです。

　きっと、あなた自身で行なう「お水取り」がその手助けをしてくれることでしょう。

Worship

第3章
Chapter Three

幸運を呼ぶ！正しい参拝法

Worship
どうすれば神様は願い事をかなえてくれる？

「呪い」を持ち帰らない、神社のお参り作法①

●**せっかくお参りするなら、正しい作法で！**

　最近、若い女性のあいだで神社をお参りするのがブームになっているようですね。ピュアな信仰心をもって、神様にご挨拶に行くのはとても良いことだと思います。ですが、「その作法では、もったいない」と、思わず首を傾げたくなるシーンを見かけることがあります。せっかくお参りするのですから、たくさん「良い気」をいただける作法を覚えておきましょう。

●**参道は神様の通り道、だからこそ真ん中を歩く**

　参道は神様の通り道、だから端っこを歩くべきだ、という方がいます。でも私は、真ん中を歩いてもいいと思います。神社は神様の「お家」と考えましょう。よそさまのお宅を伺うのに、こそこそ端っこを歩くのは変じゃありませんか？　やましいことは何もないのですから、参道は堂々と真ん中を歩けばいいのです。神様があなたの

存在に気づいてくれますよ。もちろんお正月などの混雑時に端っこを歩いたとしても、神様は怒ったりしませんので安心して下さい。

◉玉砂利は音を鳴らして踏む

もし参道に玉砂利がありましたら、音を鳴らして踏むのをお勧めします。神社の澄んだ空気の中で発せられるあの音は、日常生活で背負ってしまったさまざまな「呪い」を清めてくれます。でも玉砂利を持ち帰るのはＮＧです。いろいろな人の「気」をはらんでいることがあるので注意しましょう。

◉神社で出会う生き物は、最高の祝福

さあ、鳥居の下までやってきました。もしも鳥居の上にカラスが止まっていたら……意外かもしれませんが、最高の祝福です！　ふだんの生活ですと嫌われがちのカラスですが、実際はとても神聖な生き物です。古代神話に登場する「八咫烏(やたがらす)」は、「お導きの神」や「太陽の化身」として知られています。鳥は「前にしか進まない」生き物ですから、あなたの未来をどんどん前向きに誘ってくれることでしょう。未来への道先案内人なのです。

またカラスだけでなく、神社での生き物との出会いはすべてが吉兆といえます。神社では、神様が生き物の姿をして現れたり、あるいは生き物は神様の使いだったりします。なので失礼のないように、間違っても追い払うようなことのないように注意しましょう。

Worship
鳥居をまたぐ足も左右どちらか決まってる?

「神宮」と「神社」の違いにも要注意です

● **神社仏閣でも「足の法則」を**

神社やお寺を訪れるときにも「足の法則」は大切です。なお、出入り口とは、神社の場合は鳥居で、お寺の場合は正門がそれにあたると考えてください。

● **何度も行っているところや親しんでいるところ**

左足で入って、左足で出る。

左足で入るのは、意志をもって「また、やって来ましたよ」という意味です。そして左足で出るのは、「お願いしたままにしません。また来ますので」というはっきりした意志を示すことになります。

● **初めて訪れるところ**

まず、右足で入る。

なにしろ初めての神社やお寺なのですから、どんなに素晴らしい力が満ちているのか、まだあなたにはわかりません。だから、「入れてもらいますよ」と心して入ることになりますので、右足から入ります。

そして出るときですが、あなたのフィーリングに合えば、「必ず、また来ますから」と左足で出るようにします。

もし神社やお寺が旅先で遠方だったり、いつまた来られるかわからないときは、右足で出るようにします。無意識に〈神様・仏様〉

に「お願い」をするだけしておいて、きっとまた来てくれるのだろうと思わせてしまうのは、あまりよいことではないからです。

●「神宮」は、1年に3回お参りを

神社の名前には「○○神社(大社)」と「○○神宮」がありますよね。実は「○○神宮」のほうが、龍神様のエネルギーが強いのです。

神社は1年に1回お参りすれば充分ですが、神宮は1年に3回はお顔を見せたいところ。もし3回行くのが難しい場合は、必ず右足で出るようにしてくださいね。

3回目の参拝は、すでに顔なじみですので、左足から出るのがいいでしょう。

3回も参拝できない、どうする!?

お金や時間がなかったりで、遠方の神宮に年3回うかがうのは難しい方もいるでしょう。そんなときは、コップ一杯のお水を用意して、その神宮の方角に置きます。そして「このたびは参拝できずごめんなさい」とご自宅でお参りすればいいのです。お水を前にして、しっかり手を合わせましょう。

Worship
おみくじで「凶」だった！どうすればいい？

「呪い」を持ち帰らない、神社のお参り作法②

●最高に「良い気」をもらえる参拝方法

特別な決まりがないかぎり、参拝は「二礼二拍手一礼」が基本です。

【1】お賽銭を入れる（5円玉か50円玉の組み合わせ。その日一緒に来たかった人がいるなら、その人の分もあわせて紐で結わえる）。

【2】鐘があれば大きな音で鳴らす。神様にあなたの存在をしっかり伝える。

【3】二礼のときは、手の中指をしっかり脚の側面に沿わせながら頭を下げる。

【4】二拍手のときは、二回目に手を打ったあと、右手を少し自分の側にずらす。

【5】そのあと、親指同士をくっつけたまま回転させて、右の手のひらを神殿側に向ける（神様から見て両手が「S字」に見えるように）。

【6】良い気を手のひらに感じながら、気をすくいとるようにして、右手の甲を左の手のひらに乗せる。

【7】両手をおへそにあてがって、良い気をおへその中に入れ込む。そのタイミングで最後の一礼をする。

このとき願い事をするのもいいですが、「神様のおかげで元気が出てきました。私、今年こそ結婚できるように頑張ります！」といったように自分の目標を伝えるのもいいでしょう。あなたの決意を聞いた神様は、あなたが困ったときに「気」を送ってアドバイスをくださるはずです。

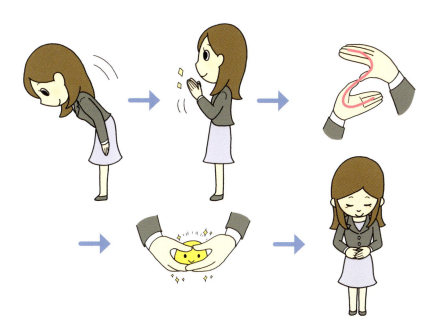

●おみくじで「凶」だった！どうする？

　おみくじは、大吉が出ても大凶が出ても、必ず木などの所定の場所に結んでから帰りましょう。凶や大凶は「もうこれ以上悪くなることはない」ので、実は縁起がいいのです。でも、凶や大凶だったら、気になってしまうのが人情というもの。

　そんなときは、最強の呪文「自分の名前」をフルネームで唱えてみましょう。フルネームがポイントです。心の中で念じるように３回唱えてみてください。おみくじのせいでモヤモヤした気持ちが、スッキリと晴れてくることでしょう。

　自分という存在は、先祖代々の流れの中から生まれてきました。たとえショックなことがあったとしても、そう簡単に傷ついたり、ダメになったりするものではないのです。最強の呪文があれば、なにも怖いことはありませんね。

Worship
伊勢神宮は すべての龍神様が集まる神社

エネルギーを「お水」で持ち帰ろう！

◉伊勢神宮は龍神エネルギーの総本山

　私は数ある神社の中でも、伊勢神宮にとても強いエネルギーを感じます。それもそのはずで、お伊勢さんは黒龍に黄龍、白龍などすべての龍神様が祀られている場所ですから。人間の体でいえば、ヘソにあたる中心部。人生の転機やここ一番のエネルギーがほしいとき、遠出してでも参拝してみるのをお勧めします。

◉お伊勢参りは吉報取り

　江戸時代には「お伊勢参り」といって、一生に一回でも伊勢神宮を参拝するのが庶民の夢でした。江戸からは片道15日、大坂からでも5日かかったといいますから、大旅行です。庶民のあいだでお伊勢参りがちょっとしたブームになったのは、観光という目的以上に、「気」の存在に敏感な日本人の特性が大きいのでしょう。お伊勢さんから戻った人は、「村に『良い気』を持って帰ってくれた」と近所の人にも喜ばれたに違いありません。

◉「お水取り」でエネルギーを持ち帰ろう

　私たちが伊勢神宮を参拝するときも、ぜひ龍神様の「良い気」を家まで持ち帰りたいものですね。オススメの方法は、

【1】自分の家の水をペットボトルに入れる（蛇口が複数ある人は、すべての蛇口から少しずつ水を出して入れる）。

【2】参拝時、良い気を感じた水辺にペットボトルの水をまく（このとき心の中で願い事をする）。

【3】神社近くの池や川からお水をいただき、ペットボトルにつめて持ち帰る（難しい場合は、近くのお店や自販機で購入したその土地の水を使っても可）。

【4】自宅に戻ってから、ペットボトルの水を水まわりにまき、最後に玄関で自分の足の裏にまく。

　この方法はもちろん伊勢神宮限定というわけではありません。あなたが「良い気」を感じた神社が、あなたにとっての最高のパワースポットなのです。ぜひ試してみてください。

Worship
正しい合掌のやり方で
お参りしたい

「手の法則」を上手に活用しましょう

●右手でお迎え、左手でお見送り

　右手と左手にも、それぞれに意味があります。次のように思い浮かべると、理解しやすいと思います。

　あなたは墓石に向かって立っています。すると右側からご先祖が出てきます。

　そのときあなたは、

　右手で、ご先祖を迎える。
　左手で、ご先祖を元の場所へもどす。

　しかし、いつもご先祖に守っていて欲しいので、右手と左手を合わせて「帰らないで守っていてね」とお願いします。

　これが「合掌」の意味です。

●合わせた手のスキマに言葉を吹きこむ

　両手の合わせ方は、〈合掌造り〉の屋根にならって、指先を軽く組み合わせます。手のひらはぴったり合わせないで、まん中に少し空間をあけて、自分の気持ちが伝わりやすいようにします。実際に〈合掌造り〉は、屋内の温かい空気を逃がさずに、外気も取り入れて、中の空気がよどまないように考えられた優れた構造なのです。

　左右の親指はきちんとつけましょう。左右の親指は、ご先祖と自分なので「先祖がいて、自分がいて、その結びつきが離れませんように」という思いがこもります。

●邪気を清めるかしわ手のやり方

　かしわ手を打つときは、ぱんぱんと二度、はっきりと歯切れのよい音を出すようにします。この音が、あなたのまわりの邪気を清めることになるのです。

　そして手を打ったら、そのつど、右手で左手の上を時計回りにゆっくりと回転させます。

　左手が鏡と考えて、鏡を磨く気持ちです。こうすると内面の集中力が増します。

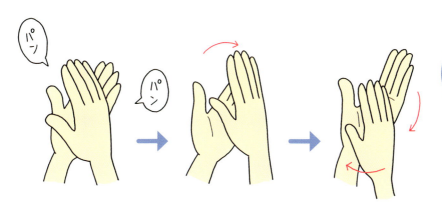

宗教で違うお参りのかたち

　世界にはたくさんの宗教があり、さまざまなお参りのかたちがあります。一般的にはキリスト教であれば、十字を切り、両手を胸の前で組むといったふうですね。観光などでキリスト教寺院やイスラム教の礼拝堂を訪れ、お参りをすることになったら、できるだけ、その宗教のお参りのやり方で行なってください。

Worship
最近ぜんぜん、お墓参りに行ってません

もったいない！あなただけのパワー・スポットですよ

●お墓はエネルギーの社交場

　先に、言葉はエネルギーだと書きましたが、エネルギーにはプラスとマイナスがあります。

　たとえば、毎日〈7人の名前〉を声に出して呼ぶことは、プラスのエネルギーになります。しかし、それを聞いているご先祖たちが、実際にはっきり声を出して答えてくれることは、まれです。なぜなら、ご先祖は黙っていること、口をつぐんでいること、つまりマイナスのエネルギーの中で生きているからです。

　マイナスという言葉を聞くと、否定的な感じがするかもしれませんが、そうではありません。

　ご先祖たちは、すでにこの世を去って、〈黙っているから〉〈口をつぐんでいるから〉といって、エネルギーが無いのではありません。私たちは、プラスのエネルギーの中で生活していますから、マイナスのエネルギーに慣れていないだけです。マイナスのエネルギーに慣れる練習が必要です。

　「え〜っ！　練習ってどうやって？」という方に、だれにでもあって、だれでも行けるパワー・スポットである「お墓」へお参りに行くことをお勧めします。

　お墓を少し注意深く見てみましょう。

　墓石が意味しているのは「プラスとマイナスのエネルギーが交わっている場所」です。土があって、地面の上に台座があって、そ

の上に垂直に墓石が立っています。台座の横線と墓石の縦線が交わって、プラス・マイナスになっています。洋風の墓石も十字架も同じ意味を持っています。

◉ 「叶」が"口にプラス"ということは……！

そして、お墓参りに行ったら、積極的にご先祖に話しかけて、お願いして、プラス・エネルギーを出すことです。なにも言わずにお腹にためているとストレスになりますし、わかってもらえることは少ないのです。

「叶う」という文字は、口にプラス、つまり＋と書きます。口に出して言わなければ、なにごとも叶わないのです。

ご先祖のほうは、私たちの言うことに耳をかたむけて対処してくれるという、目に見えないエネルギーを出しています。これこそがマイナス・イオン効果なのかもしれません。

だからお墓参りのあとは、森林浴をしたように気分もスッキリするのでしょう。

Worship
そういえばお墓参りに正しい作法ってあるの?

五穀と天然塩を用意しましょう

●本格的なお墓参りの作法

　たとえば、ピクニックに行くような気持ちで、お墓参りに出かけてみませんか。

　楽しいピクニックにするために、お墓参りの正しい手順をご紹介します。

【1】「五穀」〈米、麦、大豆、小豆、胡麻〉はご先祖の食べ物です。少量を半紙にくるみ、おひねりにしたものを5つ用意します。

【2】お墓をきれいに洗い、磨きます。

【3】きれいになったら、墓地の四隅と墓石の正面の5カ所に、持参した五穀を埋めます。

【4】帰るときには、墓石の右手側の土を小さじ半分ほど取って、家へ持ち帰ります。

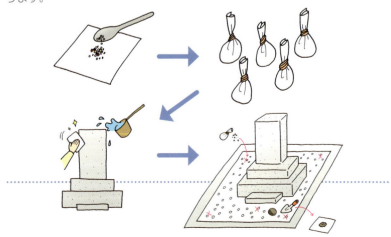

五穀はご先祖にとって、大変なごちそうです。

また土を持ち帰るのはご先祖から私たちへのおみやげです。ご先祖は土に宿った龍神様の気を通して、私たちを守るパワーを送ってくれるからです。

土がなければ、植物は根が張れませんし、人も歩けません。

土はものごとを生かしてゆく大切な要素なのです。

◉いいこともわるいことも、すべてご報告

お墓の前では、ご先祖とおおいに語らってください。心配かけまいとして、いいことばかり報告することはありません。ご先祖はあなたの現実を知っています。すべてお見通しなのです。ですから気を楽にして、なんでも報告して、相談すればよいのです。そうしてなんでも話せるからこそ、自然と「また来るからね」という気持ちで帰ってこられるというものです。

いまどき簡単作法

　時間がないという方のための簡単なお墓参りの方法をお教えします。

【1】墓所に土がない場合は、天然塩（小さじ半分くらい）を持参します。

【2】お墓の右手前に「盛り塩」をします。五穀を入れたおひねりもそこへ置きます。

【3】帰るときには、塩と五穀のおひねりを持ち帰ります。

【4】持ち帰った塩は、お墓の土の代わりとして使います（84ページ参照）。また、持ち帰った五穀はご飯と一緒に炊き込んで、「幸せごはん」のできあがりです。

　この場合も、お墓とそのまわりはきれいにしてあげてください。そして、語らうことだけは決して忘れないでくださいね。

Worship
墓石磨きをしたことがない人へ

お墓参りに持っていくもの＆磨き方

◉何時ごろに行けばいい？

　お墓参りの時刻にとくに決まりがあるわけではありませんが、基本的にはお日様の昇っている時刻がいいでしょう。私は気持ちのいい朝のうちに行くようにしています。明るいうちにお墓参りをして、きれいになった気持ちよさを思いっきり感じとりたいものです。

◉お墓に持参するもの──五穀以外に

【1】さらしの布か、たわし。墓石を磨きます。
【2】粗塩。量は拳二つ分くらいあればいいでしょう。
【3】タオル。これは磨き終わったお墓を拭いたり、手を拭くのにも使います。
【4】線香。マッチやライターも忘れないようにしましょう。
【5】供花。感謝の心を持っていれば、お墓までの道の端に咲いている花一輪でもよいのです。
【6】供物。持っていく場合は、お饅頭など甘いものや果物、ご先祖がお好きだった食べ物や飲み物を持参しましょう。ただし、お供物がないからといってご先祖がお怒りになることもありません。

お墓参りに持参する最大のものとは、あなたの「心」なのです。

●お墓の磨き方

【1】 まず、お墓の前で一礼をします。
【2】 お墓のまわりに落ちているゴミや木の葉、雑草などをきれいに取り除きます。
【3】 持ってきた粗塩半分と、水を使って、お墓を磨きます。

　お墓の前面から磨き始めます。次は、お墓のてっぺん。それが終ったら右側面、さらにその右側と、お墓の側面を磨いていきます。
　このときなによりも大事なことは、念を入れることです。「念」というのは「今の心」と書きますよね。あなたの今の気持ちをご先祖にストレートに伝えましょう。
　最近の新しいお墓は、研磨した石を使用している場合が多いため、たわしと塩で磨くと色落ちする可能性がありますので、くれぐれも注意してください（自然石であれば、気にする必要はありません）。
　清潔なさらしを濡らして、拭いていけば、それで大丈夫です。その場合でも、「〇〇家」という名前の部分は、とくに気を配ってきれいにしてあげたいものです。

ご先祖の大好物「高野豆腐」

　お墓参りに行くとき、ぜひ持っていっていただきたいものが「高野豆腐の煮しめ」です。高野豆腐は、食感がよく、たっぷりと吸った汁がご先祖ののどを潤すのに最適なのです。
　自分でつくらなくても、お惣菜で買ったものでもかまいません。お供えして、最後に自分で食べましょう。

Worship
お部屋の中で手軽にお参りする方法はある?

忙しい人のためのカンタンお墓参り

● 〈ご先祖の座ぶとん〉のつくり方

　お墓の土(または、土の代わりに持ち帰った塩)があれば、家にいながらにして毎日、お墓参りができます。

　持ち帰った土や塩を、あなただけの仏壇である〈ご先祖の座ぶとん〉に置くのです。ご先祖からいただいた龍神様の気を高めることができます。

　〈ご先祖の座ぶとん〉のつくり方は簡単ですから、ぜひ試してみてください。

【1】できれば白い長方形の紙を一枚用意して、図のように祈ります。
【2】1の上に、お墓の土(または塩)、それにコップに入れた水と塩を配置します。
【3】これを窓際やオーディオ・コンポの上など、好きな場所にセッティングして、ハイ、完了です。

　私は〈座ぶとん〉用に半紙を対角線で半分に折って使っています。大きさも自由自在に決めたらいいでしょう。

　塩は必ず、天然塩を使ってください。

●さらにカンタンな〈ご先祖の座ぶとん〉のつくり方

　お墓の土（または塩）がなくても大丈夫。もっと気楽に活用したいと思う人は、こうしてください。

【1】折った紙の山側を、あなたのご先祖のいる方向に合わせる。
【2】そこに塩と水を置く。

　これでも十分です。ただし、塩と水はできるだけ毎日取り替えるようにしましょう。
　もっと簡単な方法としては、お墓のある方角に手を合わせるだけでもかまいません。要は、ご先祖を想って手を合わせる心が大事なのです。

●飛行機内でも〈ご先祖の座ぶとん〉

　私は立場上の事情があって日本とアメリカの間をよく行き来するのですが、飛行機に乗るときだって〈ご先祖の座ぶとん〉はつくります。搭乗員の方にお水をもらい、機内食の塩を利用し、紙ナプキンの上に置いて、「どうぞこの旅が無事でありますように」と心の中でつぶやいています。

　紙ナプキンは折らずに、そのまま使います。軽く合掌したあと、お水は飲んでしまいます。お塩はなめたり、靴の裏にパラッとかけたりします。
　そのせいか、いつもご先祖が旅を守っていてくれる気がするんですよ。

Worship
お供えした塩や水は、捨てていいの？

いえいえ、健康維持に使えますよ

●〈ご先祖の座ぶとん〉健康法

〈ご先祖の座ぶとん〉に使用している塩と水は、健康の維持と増進に役立てることができます。

塩には、毒素を押し出す働きが、水には、エネルギーを転写・伝達する働きがありますから、健康維持にはうってつけです。

●朝のコーヒーやお茶に入れる

朝食のコーヒーや紅茶をいれるとき、〈ご先祖の〉水を少々加えます。みそ汁やスープをつくるなら、水と塩を使うこともできます。

●「気」のこもった水で便秘とサヨナラ

朝起きたら、〈ご先祖の〉水を口にふくんでください。また、水を飲む習慣の人は、そこに〈ご先祖の〉塩を入れるだけでも大丈夫です。ご先祖の「守る力」と、龍神様の気がこもった水ですから、それを飲むことで、気持ちよく一日を始められます。習慣づけていくと、便秘も改善されますよ。

●お風呂に入れる

明日もスッキリ暮らすために、〈ご先祖の〉塩を湯舟に入れて塩浴効果を高めましょう。

第 4 章
Chapter Four
恋の悩みも作法でスッキリ

Love
気になるあの人からの連絡がない

相手から電話をさせる、とっておきの方法

◉以心伝心を起こす集中術

　どなたにも経験のあることだと思いますが、以心伝心するときがあります。「今、○○さんに電話しようと思っていたら、○○さんから電話がきた！」とか。

　この偶然かと思うような出来事を、もう少し詳しく見ていくと、それはあなたの集中力とシンクロナイズしているはずです。

　最近会った、ちょっと気になるあの人からの連絡をもらいたいときには、以下のような方法で、自分自身を集中させましょう。

◉連絡が欲しいとき

【1】塩を少しなめて、口の中を清める。
【2】その人からもらった品があれば、それを傍に置く。その人のラッキーカラーやラッキーナンバーが割り出せれば（巻末参照）、その色のハンカチを傍に置いたり、数字を書き出しておくとなおよい。
【3】利き手を広げて、顔を覆う。中指が額の位置に、人さし指と薬指がまゆ毛のまん中にくるように、手を大きく広げる。手のひらはペタリと顔につけないで、気を流すような気持ちで、ふわりとかぶせることがポイント。
【4】3の状態のまま、手のひらを通して自分の気を入れる。指の腹にジリジリくるような感触があれば（五本の指のいずれでも可）、2、3日中になんらかの動きがある。

機会があるごとに1〜4の方法を練習してみましょう。集中力を高めるトレーニングになります。

◉その人の名前を書いてみる

名前には、その人のエネルギーが入っていますから、縁をつけたい人の名前を書くことは、その人に向かって「気」を入れることになります。年の数ほど、あるいはその人の「生まれ月の数」を調べて、その数だけ名前を書きます。

世界は広いわけですが、そうざらに自分の名前を年の数ほど書いてくれる人はいません。もし、あなたがだれかの名前を熱心に書くなら、想いが伝わらないはずはないのです。

> **間違った「おまじない」にご注意！**
>
> かつて、小学生の間で、「消しゴムに好きな人の名前を書いて、だれにも触らせずに使い切ったら、両想いになれる」というおまじないが流行っていたようですが、これは、あまりよくありません。名前というとても大切なものを消していくわけですから、かえって縁が遠くなってしまうことにもなりかねません。

Love
あの人とヨリを戻したい!

人間関係の清め方&ヨリの戻し方

◉関係をスッキリさせる方法

　人間関係は、毎日がうまくいくことばかりではありません。深くつながっている恋人同士ならなおさらです。ささいなケンカをほおっておいて、別れのきっかけになることもあります。そんなとき、お勧めの方法があります。

◉人間関係の清め方

【1】台所の流しに皿を用意する。その上に塩をまんべんなくのせる。
【2】半紙に相手の名前を、気持ちを集中してフルネームで書く。
【3】108ページからの4～6と同じ。
【4】火が消えたら、塩と灰をよくまぜて台所の流しから流す。

　どんなことがあっても、お手洗いからは流してはいけません。これは〈約束〉です。清めの場で働くエネルギーに、尊敬の念を持って行なってください。

　流したあと、冷静さを取り戻したあなたの思考の中には、スッキリしない関係がどこから来る

か、その原因を知らせてくれるチャンスが訪れますよ。

　日々の暮らしの中で、いろんな人に出会います。好きな人。嫌いな人。友だちになりたい人。苦手な人。自分も人々の中にあって、そんな風に見られている人間の一人なのだということは忘れないでくださいね。友だち同士で、ちょっと気まずくなったときにもやってみてください。

●忘れられない人とのヨリの戻し方

　お別れしたけれど、どうしても忘れられない……。そんなときに、試してみてください。

　用意するものは3本の紐です。それぞれ、あなたの生まれ月の色の紐、彼の生まれ月の色の紐、そして、あなたと彼を邪魔している人物がいるのであれば、その人の生まれ月の色の紐（わからなければ、白でかまいません）を用意し、それらを三つ編みにしてください。

　邪魔をしている人を取り込むことで、彼との障害が除かれます。

Love
捨てるに捨てられない思い出の品はどうする？

元カレの写真の捨て方、教えます

◉心残りなくスッキリ処分できます

　ついつい捨てられないでたまってしまう、思い出の詰まった品。恋人と別れてから、すぐに捨てるのも忍びなくて、残してしまう……そんな困りものの品々は、次のような方法で心を残さずに、お清めして処分できます。

◉思い出の写真の捨て方

　昔の恋人の写真や、とっておかなくてもいいと思う写真を処分するとき、破いて捨てるよりもよい方法があります。

【1】台所の流しで皿を用意し、それに塩を円盤状に盛る。
　　円盤の大きさは燃やすものの分量で加減する。
【2】線香の火で写真に火をつけて、塩の上で燃やす。
　　ライターなどで写真に直接火をつけないこと。
【3】写真が燃えている間は、絶対に手を触れないこと。
【4】灰になったら、塩にまぜて水道の水で流す。

　どうしても燃やせないときは、細かくちぎって塩にまぜてから半紙などで包んで捨ててください。
　最近は、デジカメやスマホのカメラで撮影する方も多いですよね。デジタル写真であっても、しっかり念が入りますので、消去すると

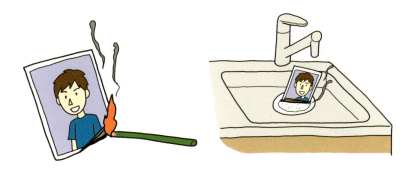

きはちょっとした心掛けが必要です。画面に消去したい写真を映し出したら、その機器を両手で包み込んで「ごめんなさい」と念じてみてください。スッキリとした気分で削除ボタンを押せますよ。

● **手紙の捨て方**

手紙の捨て方としては、何が書いてあるのか読まれないように、細かく裂いてから捨てるのが一般的でしょうが、これからは一歩踏みこんで、細かく裂いた手紙に塩をふって捨てるようにしましょう。

もう、会いたくない人、縁を切りたい人、忘れたい人のものは、〈思い出の写真の捨て方〉と同様の方法があります。流しの中に皿を用意し、円盤状に塩を盛って、その上で燃やして灰にして、塩と灰をまぜて水道の水で流すといいでしょう。

> **お守り・お札の捨て方**
>
> 　神社・仏閣からいただいたものは、いただいたところへお返しするのが一番よいことです。しかし、行けないままになっている方が意外に多いようです。
> 　その場合は、手のひらの長さに裂いたさらしの上に置いて、見えなくなるくらい塩をまぶしつけてから、そのさらしで巻いて処分しましょう。そのとき「どうもありがとう」と付け加えることも忘れないでくださいね。

Chapter Four
Love

Love
もう、あの人の顔は見たくない!

孤独な選択は、よーく考えて!

●本当に縁を切りたいのですか?

〈人間関係の清め方〉の応用ですが、「縁を切る」という強い決意のもと、行なってください。気持ちに迷いがあると、そのあいまいなエネルギーが、あなたにはねかえってきます。自分としっかり向き合って、本当に縁を切りたいのかどうか、もう一度、よく考えてから実行してください。

●残念だけど、縁を切る方法

【1】 台所の流しに皿を用意する。その上に塩をまんべんなくのせる。
【2】 半紙に相手の名前を、気持ちを集中してフルネームで書く。
【3】 108ページからの4〜6と同じ。
【4】 火が消えたら、塩と灰をよくまぜて半紙にくるんで、川まで持って行く。真夜中の零時、だれも見ていないことを確認してから川へ流す。(そのとき酒を少々、一緒に流すとさらによい)

ただし、クルマが通ったりして、だれかに見られると無効になります。縁を切るというのは重大事です。孤独な選択に耐えなければならないものなのです。

Love
なんだか恋愛モードになれない

月の光でスイッチ・オン！

●月と鏡でロマンチストになる方法

昔から「女は鏡をくもらせてはいけない」と言うとおり、鏡がくもっていてはツキを落としてしまいます。あなたの鏡、いつもきれいにしていますか。ファンデーションケースの鏡に、ファンデーションの汚れがついたりしていませんか。満月のように鏡を磨いておけば、気分もスッキリします。

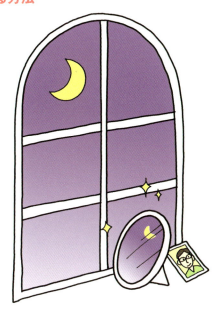

きれいに磨いた丸鏡のひとつを窓辺に置いて、月が出たら鏡に月が映るようにします。鏡の後ろに好きな人の写真や名前を書いて置いたら、あなたのロマンチスト指数も上がりますよ。

軽く合掌して、自分と相手の名前を唱えてみましょう。月の光で恋愛運も高まります。

最近、恋愛モードになれないと思っている方も、ダマされたと思って試してみてください。きっと、なにかいいことが起こりますよ。

第5章
Chapter Five
呪いが解ける最強アイテム

Item

今も昔も、一家にひとつ「ツゲのくし」

玄関に置いておくとツキますよ

●なぜ「ツゲのくし」なのか？

ツゲといえば、くしが思い浮かぶくらい、昔は、一家にひとつ、必ずツゲのくしがありました。髪は女の命と言われるように、その髪を手入れするツゲのくしが、大切にされてきました。

どんなに家計が苦しくなっても、昔の女性たちがツゲのくしを手放さなかったのは、ツゲのくしは運気を上げるための、頼もしいアイテムだったからです。

それには、こんな理由があります。「ツゲ」を逆に発音すると「ゲツ」になります。「ゲツ」とは「月」なので、ツキを呼び込むというわけです。

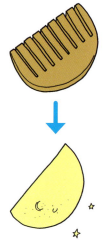

言葉遊びのようですが、言葉にはエネルギーが入っていますので、コトバの「オン（音）」に耳をかたむけることも大切にしてくださいね。

現在の私たちも、困ったことがあると、頭を掻いたり、抱えたり、叩いたり、何かと頭をいじって、打開策を出そうとしますが、ツゲのくしで髪をとかすのもひとつの方法です。

玄関か寝室に置いておくことを勧めます。もちろん、持ち歩くこともいいでしょう。

● ツゲのくしの選び方

　くしは手のひらに収まるくらいのサイズが最適です。一枚の板から削り出してつくられたものが望ましいのですが、歯の部分だけ、あとで接着したものもあります。そのほうが価格も安いので、入手しやすいでしょう。

● 使えば使うほど、あなただけのアイテムに

　昔は椿油に浸してアメ色になったものが、くしどおりもよくて、珍重されました。くしは使ってこそ生きてくるものなので、手に馴染み、髪に馴染むように毎日使いつづけることが大切です。

「ものもらい」にも効用アリ！

　眼に〈ものもらい〉ができたら、ツゲのくしで畳の目を、ガリガリとひっかきます。すると、くしの先が熱くなりますから、それを〈ものもらい〉に、そっとあてがいます。ウミが早く出て治りが早くなります。

　昔話となってしまいましたが、いまでも通用しそうな、薬に頼らない治療法ですね。

Item
たかが「さらし」、されど「さらし」

日本人の必須アイテム

● **「さらし」ってなに？**

　一家にひとつ、「さらし一反（いったん）」を用意しておくと便利です。「さらしってなぁに？」という方も、お祭りのはっぴを着た人が、腹巻みたいにぐるぐると白い布を巻きつけているのを、ご覧になったことがあるでしょう。あの白地の木綿（もめん）の布です。

　あるいは、人気のまんが「ゲゲゲの鬼太郎」に「一反木綿（いったんもめん）」という妖怪が出てきますが、あの正体が、今ここでお話ししている「さらし一反」です。

　一反＝幅約35センチ、長さ10メートルほど。さらしは、呉服店やバラエティ・ショップで売っています。価格は￥980〜￥1,200くらいで手に入ります。

● **日本人の必須アイテムがあなたを守る**

　さらしは、着物が日常着だった時代には生活の必需品でした。丈夫な布地ですから、身体に巻いていると防寒になりますし、ちょっとくらいの刃物は通しませんから、護身の役にも立っていました。

　今でも、赤ちゃんを身ごもった女性は戌（いぬ）の日に（犬は安産だと言われている）、安産を願っておなかにさらし帯を巻きますが、昔はまず、お父さんになる人が巻いて、それからお母さんになる人が巻きました。つまり男から女へというエネルギーの流れに、のっとっていたのです。出産は決して、女性だけの問題ではなかったことが

うかがえます。

　使い終わったさらし帯（腹帯）は、赤ちゃんのへその緒とともにとっておくようにしてください。「むすび」の力の入ったとてもよいものですから、大事なものを運ぶ際や、捨てるようなときに使うことをお勧めします。子どもが大きくなったときに渡してあげるのもいいでしょう。

　「たかが、さらし。されど、さらし」で、さらしは、日本人の生活を見守ってきた、大切なものだといえます。

　さらしの使い方として、ぜひともご紹介しておきたいのは、仏像、イコンなどを運ぶとき、目隠しとして使う方法です。

　仏像やイコンにはエネルギーが宿っていますから、引っ越しのときなどは、きちんと行く先を告げてから目隠しをします。これはお雛さまや、大切にしている人形にも、応用できる方法です。

　今に活かしてもいい作法だと思いませんか。

Item

中古品は線香でお清め

前の持ち主の「気」を抜いて、スッキリ！

◉中古品を買ったらまず清めましょう

　中古の品を買ったとき、使いづらさを感じたことはありませんか？　これは、前に所有していた人の「気」が残っているからです。最近はネットオークションやフリーマーケットなどで中古品を購入する機会が増えていますので、使う前にお清めすることをお勧めします。

「清める」とは「気」を抜くことだと考えましょう。そうすれば、あなたのエネルギーが入りやすくなって、新しく生活の中に入ってきた物を、取り入れやすくなります。

◉物の清め方

【1】線香に火を点ける。
【2】左から右へゆっくりゆっくりと移動し、その後、下から上へ向かって徐々に線香を動かして、けむりがまんべんなく品物の表面を通過するようにする。
【3】けむりをくゆらせるとき、注意して観察する。「気」が入っているところでは、けむりの流れが、くる

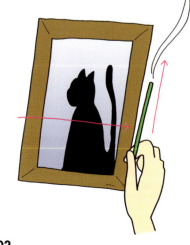

りと輪になるので(一瞬の出来事なので、注意して見ること)、その輪が消えるまで何度も左から右へ平行に線香を動かす。

【4】 どこにも輪が出なくなったら、完了。改めて全体を観察して、スッキリしているかどうか、効果を確認する。

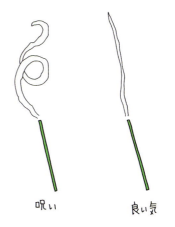

● **自分の物を売るとき**

自分の物を売るときも、この物の清め方を使って、自分の「気」を抜いてから、売りに出しましょう。

物には持ち主のエネルギーが入りますから、「気」が合わなかった場合、売った人も、買った人も苦しむことになります。

作者と所有者の「気」を抜くと、価値が高まる!?

意外に思われるかもしれませんが、絵画や骨董品を買ったら、画家や制作者、あるいは以前の所有者の気を抜く必要があります。

後世に残るような美術作品や工芸品の作者は、大変なプライドを持って制作しています。つまり「念」がこもっているわけです。それにともなって、以前の所有者の思い入れや、作品にまつわる因縁も深いことが多いのです。それらの強力な「気」が抜けると、美術的価値が高まります。なぜなら作品自体が、個人の思い入れを超えて、客観的な価値に耐えうるようになるからです。

Item
ブレスレットで自信たっぷりになるお清め

何をやっても自信がないのは、「気」のよどみ

●ブレスレットをゆっくり転がす

本来は数珠(じゅず)を使う方法ですが、天然石の丸玉をつなげて輪にしたブレスレットなどで代用できます。

水晶やメノウなどの天然石のアクセサリーはお守りにもなりますから、ひとつぐらいは持っていたほうがいいかもしれませんよ。

それでは気の詰まりを抜く手順を説明します。

【1】ブレスレットをはめる。
（このとき、腕時計や指輪などは外しておく）
【2】手首の内側と手のひらの間で、石をゴロゴロ転がす。手のひらの底の部分から、指先にかけて、じりじりと電気が走るような感触がおこったら、気の詰まりが頭→首→肩→腕から指先にかけて駆け抜けてゆくのを感じとる。
【3】反対側の手首にもはめて、1～2をくり返す。

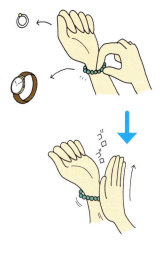

ブレスレットを転がすとき、せかせかと転がさないのがポイントです。力をこめて、ゆっくりと、石のエネルギーをすり込むような気持ちで行なっていると、気の詰まりが抜けて、新鮮な良い気を取り込むことができます。

Item

指輪、どの指にはめてる?

効果的にはめてスッキリ!

●指輪と五本指の関係

　女性はこれまで、ネイルアートや指輪のおしゃれを楽しんできました。じつは卑弥呼の時代から、指輪をはめることによって、運気を呼び込むことが知られていました。

　指にもそれぞれ意味があります。その意味を知って、指先からもツキを呼び込んでみましょう。

親　指……自分の仕事上、新しい縁を結び
　　　　　たいとき。
人さし指…人とのご縁で動いていくとき。
中　指……自分ひとりの力で動いていきた
　　　　　いとき。
くすり指…結婚相手と結び付けられるとき。
小　指……孤独を愉しみ、集中したいとき。
(右手も左手も同じです)

　指輪のデザインにも、さまざまな意味があります。
　代表的なデザインのひとつに、トリニティ・リング(三つの輪が一緒になったもの)があります。これは〈私と先祖とあなた〉の意味です。「三者のよい関係ができますように」という願いをこめて、身につけると、よいお守りになるでしょう。

Item

木を打ち鳴らして「気」のリフレッシュ

ドライブに効く、ちょっとした知恵

◉カマボコの板の音で注意を呼び覚ます

　クルマは便利なものですが、ひとつ間違えば、走る凶器にもなりかねません。免許取りたてのときの緊張感も、いつしか忘れてしまいます。クルマで出かけるとき、運転するとき、事故に遭わないように、「音」で注意力を呼び覚ましましょう。

【1】木片を二つ用意する。木であればOK。お菓子の桐箱などを、適当に割ったもので十分です。カマボコの板だって平気です。
【2】この木片をカンカンと2回、打ち合わせて車をスタートさせる。

　木には生命力が備わっていますから、その音は私たちの集中力を呼び覚ましてくれるのです。また、クルマの中の閉め切ってよどんだ空気を、リフレッシュする効果もあります。

　クルマの中に、いつもこの小さな木片を用意しておくと便利です。ドライブインで小休止した後などにも、カンカンと打ち鳴らして、気分をリフレッシュ。また、自転車やバイクの場合も共通です。

Item

自作〈お守り〉が あなたに「自信」をつける

結局、本当に信頼できるものは自分です

●あなただけの〈お守り〉がある

〈お守り〉は自分でつくれるんです。

なにげなくもらっていたお守りやお札や縁起モノを捨てかねて、どんどんたまってしまっている人の一人や二人を、きっとあなたはご存じのはずです。それらのお守りたちすべてが有効なものだと思いますが、その人があやふやな信頼しか寄せず、心がともなっていないなら、意味がないでしょう。「これを持っていれば、大丈夫」という信頼があってこそ、そこに幸せがやってくるのではないでしょうか。だから私は、相談に来られた方にこう話すのです。

「本当に信頼できるもの」＝「自分」

この等式は、自分が神仏になることではありません。「信じたい」とか「信頼できる」ものの「入り口」になってくれるのは自分、という示唆なのです。

自分を信頼できないなら、自分の外にある何ものも、信頼できないのではないでしょうか。自分を信じるからこそ、龍神様の気はあなたを助けてくれるのです。

次ページより、自分でつくる＜お守り＞の手順を紹介しましょう。

Item

〈お守り〉づくりの手順

ゆっくり、楽しく、自分のペースでつくりましょう

● 〈お守り〉づくりは「塩」が命

　塩には、毒素を押し出す力があります。その味と効能によって、昔から塩はおおいに珍重されてきました。塩入り石鹸やタラソテラピーが、身体の老廃物を落とすように、正しく使えば、人生の老廃物も自分で落とすことができるのです。

　あなたの〈お守り〉づくりは、その塩の用意から始まります。本書でいう「塩」とは、海水からつくられる天然の粗塩です。化学的に合成された食塩ではいけません。

● お守りのつくり方

【1】お皿を用意する。その上に塩をまんべんなくのせる。

【2】線香を、塩の上に東西南北にならべる。こうして、何ものにも冒されない空間ができあがる。線香の代わりに、セージの葉を乾燥させたもの、サカキの枝(葉を取り去ったもの)なども使用可。

【3】半紙に、自分の名前をフルネームで書いて下・上の順で三つ折りにして用意しておく。

【4】線香につけた火で、ろうそくをつける。これは、清めの明かりです。(新しく開発された「けむりの出ない線香」だと炎が出にくいので注意)

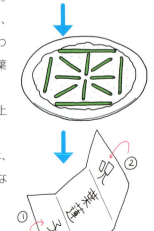

108

【5】線香の火で半紙に火をつけて、皿の上に置く。ライターで直接火をつけないこと。

【6】皿の上の燃えている半紙には、火の点いている間は絶対にさわらないこと。

【7】全部が燃え尽きて火が消えたら、皿の上の塩と灰と線香をよくまぜる。そのうえで、「塩と灰」のまざったものを少量、半紙にくるんで小袋などに入れて〈お守り〉として携帯する。

　残りの塩と灰と線香はとっておいて、お墓参りの際に持参して、向かって左側の土に埋める。処分したい場合は、台所の流しから水で流す。

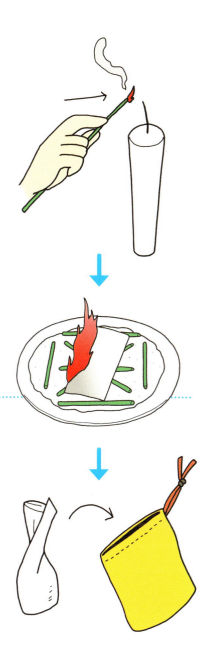

Item

鏡を輝かせれば、自分も輝く！

月のエネルギーを、きれいな鏡に呼び込んで！

◉ 月は潜在能力を引き出してくれます

　ふだん使っているファンデーションケースの鏡、汚れていませんか？　汚れていたらきれいにふいてあげてください。きれいな鏡は、使い方次第であなたを守るアイテムになってくれます。

　先にも紹介しましたが、月には個人的なパワーを応援してくれるところがあります。つまり、月にはあなたの潜在的な力を輝かせるエネルギーがあるのです。

　たとえば、鏡に月を映し取ることで、ツキを呼び込むのです。ひと月の間に刻々と変わる月の姿を鏡に映して、日数をかけてだんだんと鏡を磨いてゆく方法なのですが、現代人には悠長すぎるので、ここでは詳しく触れません。もっと簡単な、あなたをスッキリさせる秘策をお伝えしましょう。

◉ 鏡をのぞいてスッキリする方法

【1】ファンデーションケース、もしくは丸い鏡を、ひとつ用意します。丸い鏡は月なのです。
【2】自分の頭がシャキッとしないとき、スッキリしないとき、1の鏡を取り出し、鏡面をパウダーでくも

らせます。

【3】くもった鏡面を、上半分だけ磨きます。ティッシュペーパーでもかまいませんので、きれいに光らせましょう。

....

　鏡に映った額の部分だけが、はっきり見えていますね。こうすると、おのずと額に神経が集中して、頭がはっきり、心はスッキリしてきます。

　鏡を輝かせると自分が輝く、と知っておけば、頼りになる味方が一人増えたようなものです。

◉人からの意地悪をさける方法

　これは〈鏡をのぞいてスッキリする方法〉の応用です。

　鏡をくもらせますが、その次のアクションが違ってきます。

　このとき、たとえば、あなたの右側の席の人が意地悪を仕掛けていると思うなら、右側だけを磨きます。つまり、その人のいる方向だけ、鏡が見えるわけですから、その人に向かって、気を広げることができるのです。

　そうすれば、どうしてその人が、あなたに意地悪をしようとしているのか、原因がわかる方向へ進みます。原因がわかれば、対処法もよりはっきりしますよ。

おわりに

◎**あなたの毎日は必ず変わります！**

　最後までお読みになったあなたなら、もうおわかりのことと思いますが、ここで紹介した方法は、一人ひとりが心豊かに暮らすための日本古来の知恵です。
「看脚下」という禅語があります。これは、「足もとをしっかり見なさいよ」という意味です。「自分をよく見つめよ」という教えです。意味を聞くと、言い尽くされた言葉だと思われるかもしれませんが、「真理」をとらえているからこそ、今まで残ってきたのでしょう。同じように、遠い昔から伝わる先人たちの知恵を取り入れることで、あなたの毎日はきっと変わってくるはずです。

　これまで、呪いを解いて良い気を引き寄せる作法をお教えしてきました。しかし、これらは、「手段」にすぎません。自分の心を信じ、自己を見つめることからすべてが始まります。
「幸せとは？」——このだれもが考えている問いかけの回答はいろいろでしょう。しかし私は、あらゆることの根底にあるのは「ありがとう」の〈おまじない〉だと確信しています。
　本当の幸福は「豊かな心」から生まれてきます。それは、あなた一人で生み出せるうえ、複数の人を楽しくさせます。どうか「ありがとう」を忘れずに、毎日をお過ごしください。
　ではまたお会いできる日を楽しみに。

　　　　　　　　　　　　　桜が咲き誇る東京にて　川井春水

あなたのラッキーカラーと ラッキーナンバー
生まれ月の「色」と「数」

◎「荘厳契密法」という秘法

　ここで紹介するラッキーナンバーとラッキーカラーは、私が荘厳契密法で学んだものを本書用にシンプルにまとめたものです。複雑すぎるので、扱いやすさを第一に誕生月別に提示させていただきました。

　実際にこの「色」で自社ビルの外装を改めた方、自分の「数」の日に土地の売買をなさった方が、成功と発展を遂げられたのを見てまいりました。

　「色」と「数」が、あなたにチャンスをもたらす影響の確かさを、楽しみながらおおいに活用されますように。

◎ラッキーカラーの取り入れ方

1．枕、座ぶとん、クッションなどの身体を休めるものに、自分のラッキーカラーを使います。自分が安心できる「色」＝「波長」を常に吸い込むことによって、早く元気になれます。
2．あなたが、好きな人と仲良くなりたいとき、また仕事を成功させたいとき、相手のラッキーカラーと自分のカラーを混ぜて使ってみましょう。

　たとえば、あなたが緑で、相手の人は黄色なら、会うときは黄緑色のものを身につけるのです。

服装に取り入れるだけでなく、ハンカチを持つこと、あるいはその色の折り紙一枚をカバンに入れることでもよいのです。
　色はエネルギーですから、相手の人がどういうエネルギーの持ち主なのか思いめぐらせれば、最上の心づかいになります。

◎ラッキーナンバーの使い方（一例）

　息を切らさずに毎日を暮らしていくには、呼吸法が大切です。「三歩進んで二歩さがる」というように、間の取り方が、その後を左右するのです。
　そこで、あなたのラッキーナンバーを、間の取り方に活用します。なにか決断を迫られたとき、あなたの数が「3」だったとしたら、3秒、3分、3時間あるいは3日と間を置いて、返事をするようにしてはどうですか。
　なんでもスピードが求められる時代ですので、すぐに決断をくだし即決することが美徳のように扱われていますが、自分の決断は自分のペースですると心得ましょう。

　ラッキーナンバー3の人のラッキーデーは、3日のほか12日、21日、30日になります。（12は、1＋2＝3　21は、2＋1＝3　30は、3＋0＝3）というように計算します。
　また、ラッキーナンバーが10や11の人は（10は1＋0＝1、11は1＋1＝2）と計算していきます。11がラッキーナンバーの人のラッキーデーは2日と、11、20、29日となります。

　ツイてない日に、ラッキーカラーやラッキーナンバーをうまく取り入れることで、龍神様の気はあなたの味方になってくれることでしょう。

ラッキーカラーとラッキーナンバー
（誕生日篇）

誕生月	ラッキーナンバー	ラッキーカラー
1月	7	● くろ
2月	4	● みどり
3月	5	○ しろ
4月	1	● あか
5月	9	● きいろ
6月	2	● むらさき
7月	6	● グレー
8月	7	● あお
9月	11	● オレンジ
10月	3	● ちゃ
11月	8	● あかさび
12月	10	● きん

呪いの解き方

発行日　2018年4月24日　第1刷

著者　　　川井春水

本書プロジェクトチーム
編集統括　柿内尚文
編集担当　高橋克佳、小林英史、堀田孝之
デザイン　冨澤崇（イーブランチ）
イラスト　カトウナオコ
DTP　　石川直美
営業統括　丸山敏生
営業担当　熊切絵理、戸田友里恵
営業　　　増尾友裕、池田孝一郎、石井耕平、大原桂子、綱脇愛、
　　　　　　　川西花苗、寺内未来子、櫻井恵子、吉村寿美子、田邊曜子、
　　　　　　　矢橋寛子、大村かおり、高垣真美、高垣知子、柏原由美、
　　　　　　　菊山清佳
プロモーション　山田美恵、浦野稚加
編集　　　舘瑞恵、栗田亘、辺土名悟、村上芳子、加藤紳一郎、
　　　　　　　中村悟志、大住兼正
編集総務　千田真由、髙山紗耶子
講演・マネジメント事業　斎藤和佳、髙間裕子、丸山慶子
メディア開発　池田剛、中山景
マネジメント　坂下毅
発行人　高橋克佳

発行所　　株式会社アスコム
〒105-0003
東京都港区西新橋2-23-1　3東洋海事ビル
編集部　TEL：03-5425-6627
営業部　TEL：03-5425-6626　FAX：03-5425-6770

印刷・製本　中央精版印刷株式会社

Ⓒ Shunsui Kawai　株式会社アスコム
Printed in Japan ISBN 978-4-7762-0988-1

本書は2008年6月刊の『呪いの解き方』（三五館）を大幅に加筆・改訂し、
イラスト・デザインを一新した新装版です。

本書は著作権上の保護を受けています。本書の一部あるいは全部について、
株式会社アスコムから文書による許諾を得ずに、いかなる方法によっても
無断で複写することは禁じられています。

落丁本、乱丁本は、お手数ですが小社営業部までお送りください。
送料小社負担によりお取り替えいたします。定価はカバーに表示しています。

アスコムのベストセラー

日本人が大切にしてきた
神様に愛される生き方

中島隆広

新書判 定価：本体1,000円＋税

1300年以上つづく神道の考えに学ぶ、日本人ならではの「願いの叶え方」を紹介

本書は、こんな方にオススメ！
・本当の幸せを見つけたい　・自分のルーツを知りたい
・これからの人生を、より善く生きたい
・神社や神道について詳しく知りたい

お求めは書店で。お近くにない場合は、ブックサービス ☎0120-29-9625までご注文ください。
アスコム公式サイト http://www.ascom-inc.jp/からも、お求めになれます。

禅僧が教える 心がラクになる生き方

恐山菩提寺 院代
南 直哉

新書判 定価:本体1,100円+税

長年にわたり人の悩み、苦しみに向き合ってきた禅僧だからわかる穏やかに生きるためのヒント

辛口住職の指南に全国から反響続々!

◎「生きる意味なんて見つけなくていい」
◎「置かれた場所で咲けなくていい」

お求めは書店で。お近くにない場合は、ブックサービス ☎0120-29-9625までご注文ください。
アスコム公式サイト http://www.ascom-inc.jp/からも、お求めになれます。

アスコムのベストセラー

シリーズ累計
135万部突破!

聞くだけで
自律神経が整う
CDブック

順天堂大学医学部教授
小林弘幸[著]
大矢たけはる[音楽]

A5判 定価:本体1,200円＋税

自律神経の名医が開発した体の不調やストレスを消す、すごい音楽!

こんなときに聞いてください!

・気力がない　・集中力がない　・イライラしている
・悩みやトラブルを抱えている　・緊張している
・疲れている　・焦り、不安がある

お求めは書店で。お近くにない場合は、ブックサービス ☎0120-29-9625までご注文ください。
アスコム公式サイト http://www.ascom-inc.jp/からも、お求めになれます。

川井春水から幸運を呼ぶ秘伝をプレゼント!

次ページのお守りを使った、「**秘伝・自分だけのお守りの作り方**」の動画が
スマホ、タブレットなどで見られます！

お守りはお気に入りの場所に貼ってもいいですが、
より開運効果を高めたい方は、小さく折りたたんで、
いつも携帯しておくのがオススメ！
人間関係が良好になったり、金運アップも期待できますよ！

動画では、「運気を上げる正しい折り方」や、
「さらに運気をパワーアップさせる秘伝」まで紹介します！
限定公開ですので、お早めにアクセスを！

アクセス方法はこちら！

下記のQRコード、もしくは下記のアドレスからアクセスし、
会員登録の上、案内されたパスワードを所定の欄に入力してください。
アクセスしたサイトでパスワードが認証されますと
無料で動画を見ることができます。

https://ascom-inc.com/b/09881

※通信環境や機種によってアクセスに時間がかかる、
もしくはアクセスできない場合がございます。
※接続の際の通信費はお客様のご負担になります。

【巻末付録】著者直筆の開運お守り。金運・対人運・恋愛運など、総合的に運気をアップさせます。切り取ってお部屋の好きな場所に貼るか、折りたたんで持ち運んでもいいでしょう。その解説動画を前ページからダウンロードできます。ぜひ試してみて下さい。

〈キリトリ線〉